나의 느슨한 기록 일지

한 그루의 나무가 모여 푸른 숲을 이루듯이
청림의 책들은 삶을 풍요롭게 합니다.

나의 느슨한 기록 일지

이다인(다이너리) 지음

꾸준함을 만드는 가벼운 끄적임의 힘

청림Life

프롤로그

새해가 다가오면 많은 분들이 늘 비슷한 고민을 합니다.

'내년엔 다이어리를 한번 제대로 써 볼까?'

'이번에도 몇 장 쓰고 나서 먼지만 쌓이는 건 아닐까?'

반신반의하면서도 한 번 더 기대하며 새로운 다이어리를 품에 안고 돌아오는 건, 내 삶의 소중한 순간들을 오래 간직하고 싶은 마음 때문이겠죠. 저는 그 마음에 조심스레 응원을 더하고 싶었습니다. 제가 기록을 완벽히 해내는 사람이어서가 아니라, 저 또한 빈칸이 많은 다이어리 여러 권을 책장에 꽂아 두고 있기 때문입니다. 그럼에도 불구하고 저는 여전히, 그리고 계속해서, 비워진 날이 있어도 기록을 이어 가고 있어요. 그렇게 남은 기록들은 시간이 흐를수록 제 삶을 단단하게 붙들어 주고 있습니다.

예전에는 한 권을 완벽하게 채워야 한다는 부담에 시작하기도 전에 기록을 포기한 적이 많았어요. '나는 이런 걸 꾸준히 할 자격이 없어', '다 망쳤어' 하며 다이어리의 앞 장을 찢어 버리기도 했죠. 하지만 어느 순간, 한 장을 멋지게 채우는 것만이 의미 있는 기록은 아니라는 걸 알게 되었습니다. 조금 비어 있어도 괜찮고, 어떤 날은 단 한 줄만 적어도 충분하다는 사실을 깨달았어요. 그리고 무엇보다 중요한 건 제가 이 기록에 재미를 느끼는가였죠.

저는 이 책에 누구나 매달 하나씩 1년 동안 시도할 수 있는 열두 가지 기록법을 담았습니다. 제가 여러 권의 다이어리를 쓰며 자연스럽게 익히게 된 기록 방법, 기록을 습관으로 만들기 위한 작지만 실천 가능한 팁들, 그리고 완벽하지 않아도 유연하게 이어 갈 수 있는 마음가짐까지 함께 나눌 거예요. '기록을 잘하는 법'에 대한 이야기보다는, '기록을 멈추지 않는 법'에 초점을 두었습니다.

 기록이 밀려도 괜찮고, 빈칸이 생겨도 괜찮습니다. 중요한 건 다시 펜을 드는 그 한 걸음이에요. 모든 기록은 거기서부터 다시 시작될 수 있으니까요. 지금 이 글을 읽는 여러분도 분명 자신만의 방식으로 기록을 이어갈 수 있으리라 믿어요. 이 책이 그 여정의 한가운데에서 조용히 함께할 수 있기를 바랍니다.

차례

프롤로그   4

Chapter 1
기억하고 싶어서 기록합니다

나에게 기록이 의미하는 것	12
채우지 못한 수많은 다이어리	20
나를 점점 뚜렷하게 만드는 기록	27

Chapter 2
특별하게 완성하는 1년 기록 루틴

나에게 맞는 기록법을 찾는 '열두 달 기록 샘플러'		36
1월	사진과 영상으로 가볍게 시작하기	39
2월	손글씨가 아니어도 괜찮으니까	49
3월	체크리스트로 루틴 만들기	60

4월	소소하지만 확실한 뿌듯함, 한 줄 일기	70
5월	먼슬리 입문하기	76
6월	먼슬리 응용하기	85
7월	위클리 기록의 시작	95
8~9월	다양한 주제로 기록해 보기	104
10월	특별한 날을 기록하기	112
11월	취향을 찾아 파고들기	122
12월	한 해의 연말 결산	130

Chapter 3

영원한 건 없어도 오래랄 수는 있어요

나의 목표는 오래오래	152
기록 모임이라는 새로운 도전	161
느려도 괜찮아, 나만의 속도로	174

| 에필로그 | 178 |
| **부록** 무엇이든 물어보세요! | 182 |

기록은 나 자신을 들여다보는 과정이에요.

그런 시간들이 쌓이면 나라는 사람이 점점 더 선명해집니다.

완벽하지 않아도 괜찮아요.

오늘의 마음을 있는 그대로 적어 보세요.

그 모든 기록이 결국, 나를 닮은 이야기가 될 거예요.

기억하고
싶어서
기록합니다

나에게
기록이 의미하는 것

 여러분에게 '기록'이란 무엇인가요? 저는 손으로 쓴 다이어리를 사진과 영상으로 SNS에 업로드하며 기록을 또 다른 기록으로 남기는 일상을 보내고 있어요. 이렇게 거의 매일 일상의 흔적을 정리하며 살다 보니 기록하는 일을 통해 더 많은 것을 얻을 수 있다는 확신이 들었습니다. 어느덧 이 행위는 평생의 동반자가 되었죠. 물론 무언가를 남겨 두고 싶은 마음을 한마디로 정의하기는 어렵습니다. 때로는 마음의 여유가 없어서 '기록한다고 삶이 달라질까?' 하고 의심도 하지만, 그럼에도 다시 다이어리를 펼치고 손으로 잡은 펜을 꾹꾹 눌러 가며 써 내려갑니다. 마음이 힘들 때는 더더욱 다이어리와 펜을 가까이 두고 하나라도 적어 보려고 해요. 그럴 때 저는 생각보다 제가 기록을 더 좋아하고 필요로 하는 사람이라는 것을 깨닫습니다.

기록은 일상입니다

가장 자주 쓰는 기록지인 '몰스킨 데일리 다이어리'에는 매일의 일정과 식사 시간, 그날 있었던 일들을 자세하게 기록합니다. 그 밖에도 다양한 다이어리를 용도별로 쓰고 있어요. 작은 수첩이나 스마트폰 메모장에는 그날 또는 그 주에 해야 할 체크리스트를 적습니다. 또 사야 할 것이나 중요한 일들은 작은 메모지에 적어 스마트폰 뒤에 부착해서 다니기도 하죠.

처음부터 이렇게 여러 방법으로 기록해야겠다고 생각한 건 아닙니다. 한 권의 다이어리에 이것저것 적기 시작했더니 따로 적어 두고 싶은 게 생겼고, 자연스럽게 다이어리 종류가 다양해졌어요. 이렇게 저의 일상은 이

곳저곳에 기록으로 남아 있습니다. 저는 기억하려면 기록해야 한다고 생각합니다. 그냥 흘러가는 일상이 아쉬워서, 정신없이 살다 보면 어제 일도 선명하지 않아서, 행복한 순간들을 한 번 더 남겨 두고 싶어서, 오늘도 하루를 여러 방법으로 자세히 기록합니다.

기록은 취향입니다

    기록하는 방법은 다양합니다. 다이어리에 손으로 직접 쓰는 아날로그 방식부터 스마트폰이나 태블릿 PC를 활용하거나, 사진이나 영상으로 기록할 수도 있죠. 어떤 방법을 택하든 기록에는 나의 취향이 담기고, 기록을 하면 할수록 그 취향이 깊어집니다. 아날로그 방식으로 예를 들어 볼까요?

    다이어리는 한 페이지 안에 하루가 담긴 데일리, 일주일이 담긴 위클리, 한 달이 담긴 먼슬리가 있습니다. 또한 독서 기록을 위한 필사 노트, 디데이까지 일정을 계획하고 관리하는 플래너, 일기를 쓸 수 있는 줄 노트

등 구성이 다양한 다이어리가 있죠. 시중의 다이어리 중에서 마음에 드는 걸 찾지 못했다면 무지, 그리드(격자), 도트(점) 등의 속지를 골라 나만의 구성을 만들 수도 있습니다.

펜은 제품마다 필기감과 색의 진하기가 천차만별입니다. 펜을 잡을 때의 그립감도 중요한 요소이고요. 또한 가지 색상의 펜도 있지만 여러 가지 색을 쓸 수 있는 멀티펜을 고를 수도 있죠.

다이어리와 펜의 궁합도 중요합니다. 제가 쓰는 몰스킨 다이어리는 속지 두께가 얇아 글씨 자국이 잘 남는다고 알려져 있습니다. 저는 오히려 이 자국을 좋아해요. 그래서 종이가 얇아도 몰스킨 다이어리를 꾸준히 사용하고 있죠. 하지만 형광펜이나 만년필같이 진한 펜을 쓴다면 이 다이어리는 사용하기 어렵습니다. 뒤 페이지까지 잉크가 번지기 때문이에요.

이렇게 하나하나 나에게 딱 맞는 다이어리와 필기구를 고르다 보면 자기만의 취향도 뚜렷해집니다. 평소 다른 일은 '좋은 게 좋은 거지' 하면서 넘어가기도 하지만, 기록에 관한 것을 고를 때면 누구보다 확고해지는 저의 취향을 발견합니다.

기록은 감정입니다

저는 친구들의 이야기를 잘 들어 줬지만 정작 제 이야기는 풀어놓지 못하는 사람이었어요. 힘든 일이 있어 친구들을 만났는데 어디서부터 어떻게 말해야 할지 막막하곤 했어요. 저의 감정을 정확하게 표현할 말을 찾지 못해 "그냥 지금은 괜찮은 것 같아"라고 말하며 답답한 마음을 삼켰습니다. 당시 저는 그날 느낀 감정들을 일기로 쓰는 사람들이 부럽기도 했습니다. 글로도 제 감정을 표현하지 못했으니까요.

한 페이지를 가득 채운다고 생각하면 막막하지만 한두 문장으로 적어 보는 것은 할 수 있을 것 같았어요. 저는 감정을 조금씩 기록하기 시작했습니다. 그리고 제가 느낀 감정과 마주하는 연습을 했죠. 당시에 제가 시작한 기록법은 '번호 일기'입니다. 번호 일기란 번호에 작은 주제를 부여하고 하나의 주제당 두세 줄을 쓰는 것으로,

월요일마다 썼던 번호 일기

한 호흡으로 하루의 이야기를 쭉 쓰는 것이 부담되는 분들께 좋은 방법입니다. 그렇게 조금씩 익숙해지다 보니 매주 일요일에 쓰는 번호 일기에는 다른 요일보다 더 많이 제 감정을 담고 있습니다. 물론 아직도 어렵습니다. '이걸 어떻게 표현해야 하지' 하며 답답해할 때도 있어요. 하지만 마음이 힘들고 우울할수록 기록하려고 합니다. 손으로 적다 보면 선명해지기 때문이죠. 왜 그런 감정을 느꼈는지, 안 보이던 것들이 보여요.

손끝에서 시작되는 감각

친구들은 저를 '아날로그 인간'이라고 부릅니다. 무엇이든 손으로 직접 써서 정리해야 비로소 이해할 수 있는 사람이기 때문이에요. 학생 때는 시험 기간에도 손글씨로 내용을 정리하는 데 많은 시간을 들이곤 했어요. 자영업을 하는 지금도 여전히 손글씨가 익숙합니다. 주문을 받을 때는 늘 작은 수첩과 펜을 들고 다닙니다. 필요한 물품이나 아르바이트하는 친구들의 출퇴근도 화이트보드에 손으로 기록하고, 업무용 노트도 따로 작성하고 있어요. 돌아보면 무언가를 배우고 익히는 모든 순간에는 늘 손글씨가 함께했던 것 같습니다. 아마도 저는 손끝에서 전해지는 기록의 감각을 좋아하는 사람인가 봅니다.

　무언가에 의미를 부여하면 그만큼 더 소중해집니다. 그동안 꾸준히 기록을 해 왔다면 이젠 다양한 기록법을 시도해 보세요. 오랫동안 본 가까운 친구에게서 의외의 면모를 발견할 때처럼 예상치 못한 즐거움이 있을 거예요. 저는 오랜 시간 기록을 했지만 아직도 알아 가고 싶은 게 많습니다.

　제가 생각하는 기록의 의미를 글로 풀어내려다 보니 이야기가 조금 길어진 것 같네요. 한마디로 저는 기록을 많이 좋아합니다. 다이어리를 쓰다가 포기했던 순간부터 쭉 짝사랑해 왔어요. 이번엔 여러분께 질문을 던지고 싶습니다. 여러분에게 '기록'이란 무엇인가요?

채우지 못한
수많은 다이어리

"넌 어릴 때부터 스티커를 참 좋아했어."

광고사의 첫째 딸인 저는 네 발로 기어다니던 시절부터 부모님이 작업하고 남긴 스티커를 떼면서 놀았다고 해요. 그렇게 자연스럽게 붙였다 떼었다 하는 행위에 익숙해져서인지 초등학생 때는 캐릭터, 음식 스티커 등을 모으기 시작했습니다. 그러다 보니 모은 스티커들을 예쁘게 붙일 종이가 필요했고, 자연스럽게 노트나 다이어리에 관심이 생겼죠.

알록달록 꾸민 글씨와 좋아하는 스티커로 가득한 다이어리에 비밀 이야기를 채우는 것은 그때부터 저의 큰 로망이었어요. 그 로망을 실현하려고 부단히 노력해 왔습니다. 물론 결과는 대부분 실패였지만요. 중고등학생 때도 멋진 다이어리를 완성하자고 다짐하며 다이어리와 다꾸(다이어리 꾸미기) 제품들을 사 모았어요. 대학생이 되었을 때도 마찬가지였어요. 하지만 정작 활용은 못 했고, 대학을 졸업하고도 같은 패턴을 반복했습니다. 다이어리의 마지막 페이지까지 가기는커녕 절반도 쓰기 힘들었어요. 지금 생각해 보면 당시에 저는 기록이라는 목표를 가진 게 아니라, 그저 다이어리를 예쁘게 꾸미고 싶었던 것 같아요.

그러다 몇 년 전 새로운 다이어리를 준비하면서 평소와는 다른 다짐을 했습니다. 무슨 일이 있어도 끝까지 쓰기로 마음먹은 것은 같았지만, '밀려도 다시 쓴다'라는 새로운 목표를 잡았어요. 이 마음가짐은 작은 변화를 가져왔습니다. 며칠을 밀리더라도 흐지부지 포기하지 않고, 이어서 다시 다이어리를 채워 갈 수 있었어요.

물론 엄청나게 밀리고 자주 몰아서 썼습니다. 하지만 일주일에 한 번이라도 시간을 내서 밀린 다이어리를 채웠어요. 그리고 노력에 대한 보상으로 방에 기록을 위한 공간을 따로 만들었어요. 그렇게 조금씩 힘이 붙더니 연말에는 몇 주간 하루도 안 밀리고 쓰기도 했죠. 점점 기록하는 습관이 자리 잡히면서 자연스럽게 다이어리를 완성할 자신이 생겼습니다. 그렇게 저는 처음으로 한 권의 다이어리를 채울 수 있었고, 이후 다양한 다이어리, 기록법 중에서 저에게 맞는 것을 하나씩 찾을 수 있었습니다.

이제 저에게 다이어리 그 자체는 더 이상 로망이 아닙니다. 무엇을 적을 것인지를 중심으로 해야 지속이 가능하고 의미도 있다는 것을 깨달았기 때문이죠. 하지만 많은 시행착오 끝에 기록하는 습관을 만들 수 있었던 것은 실패로 끝난 몇십 권의 다이어리 덕분이라고 생각해요. 예쁜 겉모습만 보고 골랐던 것, 안팎이 캐릭터로 가득한 것, 줄만 있는 속지, 특별한 형식이 있는 것 등 수많은 다이어리에 도전했습니다. 지금 생각해 보면 실패를 거듭해도 계속해서 도전했던 것이 다행이었어요. 또 다이어리를 잘 쓰다가도 '이런 부분은 나랑 안 맞네', '쓰다 보니 이런 부분이 불편하네'라는 생각이 들면, 그건 다음 다이어리를 고를 때가 왔다는 신호였습니다. 그렇게 고민해서 다음 다이어리를 고르면 이전보다 기록하는 페이지가 조금씩은 늘어났어요.

기준은 언제나 나

연말만 되면 제가 어떤 기록지를 쓰는지, 각각 무슨 용도로 쓰는지에 대해 질문하시는 분들이 많습니다. 제가 추천하고 싶은 제품이 있고, 쓰는 노하우를 모두 알려드리긴 하지만, 결국 나와 맞지 않으면 소용없습니다.

그러니 실패하더라도 식집 디이어리를 구매해 보세요. 몇 페이지라도 직접 써 보면서 경험하고 판단하시기를 권장합니다. 또 기꺼이 새로운 기록법에 도전해 보세요. 나에게 필요해서 하는지, 아니면 단순히 멋있어 보여서 억지로 쓰고 있는지 꼭 스스로 느껴 보길 바라요. 예뻐 보이는 다이어리, 정말 나에게 필요한 다이어리 모두 일단 경험해 보는 겁니다. 그렇게 여러 번의 셀프 피

아직도 책상 밑에 있는 수많은 다이어리들

드백을 거치다 보면 '이 정도면 1년은 쓸 수 있겠다' 싶은 다이어리를 찾게 될 거예요. 그럼 자연스럽게 기록하는 재미를 느끼게 될 것입니다.

   기록은 나 자신을 들여다보게 만듭니다. 그런 시간들이 쌓이면 나라는 사람이 점점 더 선명해집니다. 그 과정은 결코 한순간에 이루어지지 않습니다. 기록이 일상의 일부로 녹아들기 위해서는 반드시 많은 실패와 성공 경험이 필요해요. 그러나 많은 사람들이 완벽하게 기록하지 못할까 봐, 또는 끝까지 해내지 못할까 봐 다시 시작하는 것을 주저하곤 해요. '이번에도 다이어리를 방치하게 될 거야' 하고 말이죠.

   저는 꼭 말해드리고 싶어요. 완벽하게 해내지 않아도 괜찮다고요. 몇 페이지라도 좋으니, 지금 당장 다이어리를 골라 좋아하는 펜을 들고 한 줄이라도 적어 보세요. 글씨가 삐뚤빼뚤하거나 내용이 부족해 보여도 일단 시작하는 것이 중요합니다. 단 한 페이지라도 채우면서 얻게 되는 배움과 발견은 다음 도전을 위한 중요한 밑거름이 되어 주죠. 실패 속에서 문제를 파악하고 개선해 나가다 보면 언젠가 한 권의 다이어리를 온전히 완성하는 날이 올 것입니다. 그러니 끝까지 못 채울까 봐 선택을 주저하지 마세요. 다이어리를 고르고, 좋아하는 펜을 들어 일단 시작해 보세요. 첫 시도가 완벽하지 않아도 괜찮습니다. 지금 나만의 기록을 시작해 보세요. 그 여정은 생각보다 더 소중하고 특별할 거예요.

나를 점점
뚜렷하게 만드는 기록

저는 인스타그램에서 기록만을 위한 계정을 운영하고 있습니다. 그러다 보니 기록과 관련된 질문들을 참 많이 받는데, 가장 많은 유형은 두 가지예요.

"매일 안 밀리고 기록하는 건가요?"
"다이어리를 항상 들고 다니나요?"

기록 습관을 익히기 전의 저는 매일매일 기록하지 못했고 다이어리를 항상 들고 다니지도 않았습니다. 하지만 지금은 달라요. 어딜 가든 다이어리를 꼭 지니고 있어요. 그래야 바쁜 일정에 휩쓸리지 않고 잠깐이라도 틈을 내서 써 둘 수 있기 때문이에요. 물론 무겁고 귀찮다고 느껴질 때도 있지만, 기록을 하면 생각이 정리되고, 해야 할 일을 잊지 않게 되고, 하루를 돌아보는 여유도 생겨요. 마음이 복잡할 때는 감정을 글로 풀어내며 스스로를 다독일 수 있고요. 이런 긍정적인 변화들이 무겁고 불편하다는 생각보다 훨씬 더 큰 만족감을 줍니다.

기록을 시작하면서 저에게 참 많은 일이 일어났어요. 기록하고 생각하고 행동하고 변화하면서 점점 저 자신을 깊이 이해하게 되었죠. 스마트폰에서 사진을 편집할 때 '선명도'라는 기능을 사용해 본 적 있나요? 선명도를 높이면 사진이 더 뚜렷해지듯이 저에게 기록은 나라는 사람의 선명도를 높여 주는 작업과도 같습니다.

기록을 시작하기 전, 저는 희미한 사람이었어요. 제가 무엇을 하고 싶은지, 무엇을 좋아하는지 잘 알지 못했고, 미래를 계획하는 일도 어려웠고, 제 감정조차 잘 이해하지 못했죠. 취향이라 부를 만한 것도 없고, "난 이건 정말 좋아해!" 하고 자신 있게 말할 무언가도 없었어요. 그러다 보니 스스로에 대한 확신이 없었고, 막연한

불안감에 자주 휩싸이곤 했습니다.

　학창 시절도 비슷했어요. 공부에 필요한 최소한의 기록만 하며 그저 시간을 흘려보냈죠. 겨우 과제를 제출하고 겨우 시험을 치르는 식이었어요. 저는 특히 감정을 표현하거나 생각을 정리해서 말하는 일을 어려워했어요. 왜 나는 지금 이런 기분을 느끼는 건지를 명확히 알지 못해 답답했죠. 그런 일이 반복될수록 저는 감정과 생각을 드러내는 것에 점점 자신감을 잃어 갔습니다. 미래를 생각하면 답답하기만 했어요. 당장 눈앞에 놓인 일들도 척척 해내지 못하는데 몇 달 후, 몇 년 후를 생각한다는 건 당연히 어려웠어요. 요즘은 문득 '학생 때도 일상과 감정을 기록했다면 좀 더 주노직이고 뿌듯한 학교 생활을 하지 않았을까?' 하고 생각하기도 해요.

　기록하는 지금의 저는 제법 뚜렷한 사람입니다. 요즘 자신이 추구하는 스타일을 '추구미'라고 하죠. 저는 옷차림은 물론이고 사진의 구도나 색감, 가방 속 소품들까지 나름대로 확고한 취향을 가지고 있어요. 물론 중간 중간 취향이 바뀌기도 하고, 새로운 것에 도전하기도 하지만, 그 모든 과정이 모여 지금의 '나다움'을 만들어 가고 있는 것 같아요. 이렇게 나 자신을 표현하는 일이 자연스러워진 것은 전적으로 기록 덕분입니다. 좋아하는 것을 더 깊이 이해하게 되었고, 그만큼 더 좋아하게 되었어요.

보이지 않는 것을 보이게 만들기

저는 일상 기록을 시작하면서 하루를 눈으로 확인할 수 있었고, 덕분에 일상의 흐름 속에서 문제를 빠르게 파악할 수 있었습니다. 처음에는 단순히 우선순위나 할 일을 정리하려고 체크리스트를 쓰기 시작했는데, 점점 계획을 세우고 실천력을 높이는 습관으로 이어졌죠. 그렇게 시간을 더 효율적으로 쓰게 되면서 자연스럽게 여유 시간이 생겼고, 그 시간에 다양한 취미에 도전할 수 있었어요. 결국 제가 좋아하는 기록만을 다루는 인스타그램 계정까지 운영하게 되었습니다.

    기록을 자주 하다 보니 자연스럽게 카페에서 쓰는 시간이 많아졌어요. 어느 순간부터는 '조용히 기록에 집중하기 좋은 카페'라는 기준도 생기더라고요. 다이어리나 필기구, 다이어리를 꾸미는 스티커를 고르는 기준도 확실해졌어요. 단순히 예쁜 것보다는 갖고 있는 것들과 어떤 점이 다른지, 실용성이 높은지 등을 기준으로 삼게 되었습니다. 내가 무엇을 중요하게 생각하고, 왜 그것을 좋아하는지 기록을 통해 되짚다 보니 나를 표현하는 일도 훨씬 수월해졌습니다. 그 과정에서 저만의 스타일이 점차 명확해졌어요. 결국 좋아하는 것을 더 꾸준히, 더 깊이 좋아하게 되었죠. 그런 시간들이 쌓여 제 안에 긍정적인 변화를 만들어 준 것 같아요.

    무엇을 기록해야 할지 몰라서 막막했던 시기에 저는 '일단 필사라도 해 보자' 하며 독서를 시작했어요. 예전에는 한 권을 완독하는 데 한 달이 걸렸던 제가 한 달에 무려 열 권을 읽기도 했습니다. 뭐라도 기록하기 위해서 독서를 시작했지만, 책을 통해 그때의 저에게 꼭 필요한 조언이나 위로를 발견했어요. 그리고 그 내용들을 손글씨로 다시 정리하면서 나의 것으로 만들 수 있었죠. 처음에는 책을 고르는 것이 어려웠기 때문에 관심 있는 분야 위주로 읽었는데, 오히려 관심 분야를 더 깊이 공부하는 계기가 되었어요. 기록이 취향을 깊고 분명하게 만들어 준 셈이죠.

기록을 꾸준히 하면서 예상치 못한 기회들도 많이 찾아왔습니다. 저처럼 기록의 힘을 믿는 사람들을 위한 모임을 기획하고, 온라인 강의와 챌린지를 열 수 있었으며, 이렇게 책을 쓰게 되었으니까요. 인스타그램의 기록 계정을 통해 수익을 낼 수도 있었고요. 이러한 기회들은 성실하게 기록을 이어 나가고 꾸준히 공유하며 노력했기 때문에 가능했습니다. 이 이야기는 뒤에서 더 구체적으로 이야기해 보겠습니다.

저는 어렵고 복잡한 건 금세 질리는 성격입니다. 다이어리도 한 페이지에 정해진 틀이 너무 많거나, 적어야

하는 항목이 빼곡하면 오히려 손이 가지 않았어요. 그래서 기록을 처음 시작하거나 오랜만에 다시 한다면 최대한 부담 없는 방식부터 해 보시길 추천합니다. 간단하게 시작해서 점점 익숙해지면 거기에 필요한 것을 하나씩 더하며 나만의 기록법을 만들어 가는 거죠.

취향을 찾는다거나 발견한다는 말은 흔하지만, 막상 직접 해 보려고 하면 막연하게 느껴집니다. 조금만 쉽게 접근해 보면 좋겠습니다. 예를 들어 "나는 ~을/를 좋아한다"라는 문장을 다섯 개 정도 만들면서 생각하면 어떨까요? 가볍게 나의 취향을 파악해 보세요.

＊ 취향 찾아보기

"나는 (　　　　　　)을/를 좋아한다."

괄호 안에 넣고 싶은 것을 생각해 보세요.

노트에 간략하게 다섯 줄 정도 적어 봅니다.

한 달에 하나씩, 다양한 기록법을 따라가며

나만의 기록 루틴을 찾아봅니다.

디지털과 아날로그를 자유롭게 넘나드는

'열두 달 기록 샘플러'와 함께라면

재미로 시작한 기록은 어느새 습관이 되어 있을 거예요.

특별하게
완성하는
1년 기록 루틴

THU FRI SAT

나에게 맞는 기록법을 찾는 '열두 달 기록 샘플러'

 누군가를 온전히 알고 싶다면 사계절을 함께 보내라는 말이 있죠. 저는 기록도 마찬가지라고 생각합니다. 기록이라는 것을 제대로 이해하고 내 삶 속에 자연스럽게 스며들게 하려면, 조금 느리더라도 진심을 담아 사계절을 함께 보내는 것을 권하고 싶어요.

 기록은 특별한 사람들만 지속할 수 있는 취미가 아니에요. 바쁜 하루를 마치고 '그래, 나 오늘도 잘 살아 냈구나' 하고 작은 안도감을 느끼고 싶은 사람, 정신없는 일상 속에서 자신을 잃지 않으려는 사람, 무언가를 잘해 내고 싶은 마음보다 그저 한번 시작해 보고 싶은 마음이 있는 사람이라면 누구든지 충분히 기록을 계속할 수 있어요.

 1월부터 12월까지 매달 하나의 기록법을 가볍게 시도할 수 있도록 '열두 달 기록 샘플러'를 만들었어요. 글씨를 쓰는 것조차 부담스럽고 기록이라는 단어 앞에 막막한 초보자는 물론, 그동안의 기록법과는 다른 새로운 재미를 찾고 싶은 기록 고수에게도 재미있는 여정이 될 것이라 확신합니다. 이해하기 쉽게 월별 순서로 되어 있지만, 먼저 해 보고 싶은 기록부터 시작해도 좋습니다.

 1~2월에는 '일단 해 보자' 하고 가벼운 마음으로 시작할 수 있도록 손으로 쓰지 않는 기록법을 소개합니다. 3월에는 기록이 일상에 자연스럽게 스며들도록 '체크리스트'를 활용하는 법을 연습합니다. 4월에는 한 줄 일기로 뿌듯함을 쌓고, 5월부터 12월까지는 먼슬리, 위클리, 주제별 다이어리 등으로 조금씩 깊이를 더해 갑니다. 이 과정을 통해 기록이 '꼭 해야 하는 일이나 목표'가 아니라, 하루를 한 번 더 돌아보게 하는 '좋은 습관'으로 자리 잡을 것입니다.

멋지게 다이어리를 꾸미거나 글씨가 예쁘지 않아도 괜찮아요. 사진 한 장, 메모 한 줄도 충분한 기록이 될 수 있어요. 열두 달 기록 샘플러가 기록을 처음 시작하는 분들에게는 친절한 가이드가 되고, 이미 기록을 해 온 분들에게는 새로운 기록법을 발견하는 데 도움이 되기를 바랍니다. 무엇보다도, 열두 달의 기록 여정이 '나답게 사는 방법'을 안내하길 바랍니다.

사진과 영상으로
가볍게 시작하기

1월

내가 갖고 있는 생각과 감정을 손으로 직접 써 보는 것은 참 좋은 기록법입니다. 하지만 처음에는 무엇을 써야 할지 막막하고, 다이어리에 글을 남긴다는 것 자체가 부담스럽게 느껴질 수 있어요. 그래서 기록을 시작하는 첫 달에는 글보다 더 가볍게 접근할 수 있는 사진과 영상으로 시작해 보는 것을 추천합니다. 별다른 준비 없이 스마트폰만 있으면 바로 할 수 있으니, 평소에 기록이 낯설게 느껴졌거나 오랜만에 기록을 다시 시작하는 분들에게 특히 좋겠죠. 또 사진과 영상을 활용하면, 글로 정리한다는 생각만 해도 막막함이 밀려오거나, 감정이 복잡해 글쓰기를 포기하고 싶은 날에도 손쉽게 기록을 이어 갈 수 있어요. 사진 한 장, 몇 초의 영상만으로도 그날의 분위기나 마음을 오롯이 담아낼 수 있기 때문이에요.

사진, 시간을 멈추는 도구

사진은 특정 순간을 영원한 장면으로 남길 수 있는 특별한 방식입니다. 요즘은 스마트폰 카메라로도 충분히 선명하고 감각적인 사진을 남길 수 있어요. 처음에는 하루에 한 장씩만 찍어 보는 것으로 충분합니다. 평소에 사진 찍는 일이 드물어 어색하다면 한 가지 주제를 정해 보는 것도 좋습니다. 예를 들어 웃는 얼굴, 출근길에 본 하늘, 점심 메뉴, 오늘 입은 옷, 오늘 방문한 건물의 내부 등 일상적인 주제도 좋아요. 이렇게 주제를 정하면 사진 찍기가 훨씬 수월해지고, 사진 찍을 이유도 자연스럽게 생기죠.

그렇게 하루에 하나씩 촬영한 사진 또는 영상을 앨

스마트폰 갤러리에 월별로 모아 둔 사진 기록들

범으로 만들어 한 달 동안 모아 보세요. 그리고 달의 마지막 날에 앨범을 살펴보면 일상의 소소한 순간들이 어느새 두텁게 쌓여 있을 거예요. '내가 이번 달에는 이런 것들을 남겨 놓았구나' 하고 뿌듯함을 느낄 수 있습니다. 꼭 특별한 일이나 멋진 풍경이 아니어도 일상의 모든 순간이 곧 기록이 될 수 있어요.

사진만으로는 뭔가 아쉽고, 이미 다이어리를 준비해 두었다면 이런 방식은 어떨까요? 저는 예전에는 여행 중이나 특별한 날에만 다이어리에 사진을 붙여서 기록했어요. 그런데 '포토 먼슬리'라는 기록법을 알게 된 후부터는 일상을 기록할 때 사진을 적극적으로 활용하고 있습니다. 포토 먼슬리는 하루에 한 장의 사진을 선택하고 출력해서 다이어리에 붙인 뒤 간단한 글을 덧붙이는 방식이에요. 처음에는 조금 번거롭게 느껴질 수 있지만, 글씨로만 가득한 다이어리와는 또 다른 즐거움이 있습니다. 사진이 많은 이야기를 대신해 주기 때문에 글을 길게 써야 한다는 부담이 줄어드는 것도 장점이에요.

매일의 하이라이트를 담은 포토 먼슬리

여러 사진들이 뒤죽박죽 섞인 앨범에서 하루에 한 장면을 골라내는 일은 생각보다 어렵습니다. 특히 사진을 많이 찍은 날에는 더욱 고르기 어려워요. 그래서 이렇게 사진으로 기록을 남기면 자연스럽게 사진들을 정리하게 됩니다. 저 또한 포토 먼슬리를 쓰기 시작한 이후로 사진 앨범을 조금씩 정리하게 되었어요. 비슷한 사진들 중에서 가장 마음에 드는 컷을 고르고, 잠깐 참고하려고 저장해 둔 스크린 숏은 눈에 띌 때마다 지우거나 정리합니다. 그래야 기록에 사용할 사진을 빠르게 고를 수 있기 때문이에요.

사진 기록의 장점은 사진만 봐도 그날의 기억이 생생하게 떠오른다는 점입니다. 제 기록 계정을 보면 아시겠지만 저는 평소에 여러 권의 다이어리를 쓰고 있어요. 이를 위해서는 메인 다이어리에 비교적 꼼꼼히 기록을 남겨 두어야 해요. 나머지 다이어리는 메인 다이어리의 내용을 참고해 그날의 기억을 되살려 작성하기 때문이죠. 하지만 포토 먼슬리는 조금 달라요. 유일하게 메인 다이어리의 도움 없이도 기록할 수 있습니다. 사진 한 장만 봐도 그날의 장면이 선명히 떠오르기 때문이죠.

저는 일상 사진 외에도 매년 사진관에 가서 제 모습을 남기고 있어요. 여러분도 기록을 핑계 삼아 자신의 모습도 사진으로 남겨 보세요. 처음에는 어색하더라도 시간이 지날수록 점점 더 자연스러운 모습을 남길 수 있을 거예요. 저는 이렇게 사진관에서 매년 찍는 사진이 단순한 기록을 넘어, 언젠가 제가 세상을 떠난 뒤에도 누군가에게 남겨 줄 마지막 선물이라고 생각합니다. 그래서 1년에 한 번씩은 꼭 남기고자 합니다.

지금의 내 모습이 마음에 들지 않나요? '살을 좀 빼고 나서 찍어야지' 하는 마음 때문에 미루고 싶나요? 일단 찍어 보세요. 몇 년 뒤 그 사진을 다시 보면, 당시의 내가 얼마나 반짝이고 있었는지를 깨닫게 될 거예요. 사진은 시간이 흐른 뒤에야 진가를 발휘하는 기록이니까요. 스마트폰 사진 앨범에서 몇 년 전의 사진을 찾아보세요. 분명 빛나고 있을 거예요.

사진은 당시 나의 취향을 고스란히 담아냅니다. 어떤 옷을 입었는지, 어떤 배경에서 찍었는지, 어떤 색감을 좋아했는지 등 사진에 담긴 모든 것이 그때의 나를 말해 주죠. 이런 사진들이 10년 동안 쌓인다면 어떨까요? 시간이 흐른 뒤에 되돌아본 내 모습이 생각보다 크게 달라지지 않았을지, 깜짝 놀랄 만큼 달라졌을지 궁금합니다.

생생함을 영상으로 담아 두기

사진이 찰나를 포착한다면, 영상은 그 순간을 움직이는 기록으로 더욱 생생하게 담아냅니다. 특히 사랑하는 사람들의 모습과 목소리를 남기기에는 영상만 한 도구가 없습니다. 그래서 저는 어색하고 쑥스럽더라도 영상 기록을 자주 남기는 편입니다. 사진처럼 매일 남기는 것은 어려울 수 있어요. 그렇다면 특정한 인물이나 상황을 중심으로 기록해 보세요. 사랑하는 사람일 수도 있고, 좋아하는 시간이나 장소일 수도 있겠죠.

사진은 시각적인 정보만 담지만 영상은 목소리, 웃음, 주변의 소음 등 그 순간의 청각 정보까지 함께 기록할 수 있어요. 시간이 흐른 뒤에도 그때를 생생하게 떠올릴 수 있는 강력한 매체인 셈이죠. 글이나 사진으로는 잘 전해지지 않는 공간의 분위기, 움직임, 빛의 변화 등

이 영상에는 자연스럽게 담깁니다. 그래서인지 여행할 때 찍었던 영상들은 시간이 지나도 두고두고 다시 찾아보게 됩니다. 지난 여행이 그리운 날, 다이어리에 남겨 둔 글과 사진을 먼저 보고, 영상까지 보면 오롯이 그 여행을 되새길 수 있습니다.

또한 사랑하는 사람이 보고 싶을 때, 그들의 모습과 목소리가 담긴 영상만큼 위로가 되는 기록은 없습니다. 사진이나 글보다 훨씬 생생하게 그들을 추억할 수 있는 방식이니까요. 지금은 볼 수 없는 사람들, 또는 이제는 다 자라 버린 아이들의 어린 시절을 담은 영상이 많다면 얼마나 좋을까요. 보고 싶을 때 언제든 다시 꺼내 볼 수 있으니까요. 저는 기록을 하면 할수록 돌아가신 외할머니와 외할아버지의 영상이 많지 않다는 점이 아쉽게 느껴집니다. 그래서 지금부터라도 가족은 물론 소중한 사람들의 모습을 영상으로 기록해 두려고 해요.

1월의 기록은 가볍게 시작해 보세요. 반드시 손글씨일 필요도 없고, '올해는 기록을 많이 할 거야' 같은 거창한 목표로 시작하지 않아도 됩니다. 오히려 그런 다짐이 부담스러워 기록을 미루게 될 수 있어요. 무언가를 시작하는 일은 늘 어렵게 느껴지거든요. 그래서 1월에는 '잘 쓰는 기록'보다는 '가볍게 남기는 기록'을 권합니다. 정리한 책상 한구석의 모습, 좋아하는 분위기를 담은 사진 한 장, 카페에서 찍은 짧은 영상 등 어떤 것이든 좋아요. '나에게 의미 있었던 순간'을 '남겨 두는 것'이 바로 기록이니까요.

완성보다는 기록한다는 행위 자체에 의미를 두면 훨씬 덜 부담스럽고, 더 오래 이어 갈 수 있어요.

가끔은 '기록하고 있는 나'라는 사실만으로 충분합니다. 매일 하지 않아도 괜찮고, 며칠쯤 건너뛰어도 괜찮아요. 중요한 건 어떤 형태로든 첫 조각을 남겼다는 거예요. 그렇게 부담 없이 남긴 기록이 생각보다 나를 튼튼히 지탱하는 힘이 되어 줄지도 모르죠.

손글씨가 아니어도 괜찮으니까

2월

　기록이라는 말을 들으면 자연스럽게 종이, 그리고 펜을 든 손이 떠오릅니다. 손으로 적는 것이 가장 기본적인 기록 방식이기 때문이죠. 디지털 기기가 익숙한 요즘에도 손글씨는 여전히 특별하게 느껴집니다. 손으로 쓰는 행위는 단순히 정보를 저장하는 것을 넘어, 생각을 정리하고 마음을 담아내는 과정이기도 하니까요. 아직도 손글씨로 적힌 편지를 받으면 기분이 좋아지는 것도 이러한 이유 때문이겠죠.

　하지만 모든 사람이 손글씨를 좋아하거나 글씨 쓰기에 자신 있어 하는 것은 아니죠. 글씨를 잘 못 쓴다고 느끼거나, 자신의 글씨체에 만족하지 못하는 사람도 많아요. 완벽하게 쓰고 싶다는 마음에 글자 하나만 틀려도 종이를 찢어 버리거나, 아예 새로운 다이어리를 꺼내 다시 시작하는 경우도 있습니다. 저 역시 그런 적이 있었어요.

이런 상황이 반복되면 점점 더 기록과 멀어지게 되고, 한 글자 쓰는 것조차 긴장되고 부담스러울 수밖에 없어요. 만약 손글씨 연습을 따로 할 엄두는 안 나고, 막상 손으로 쓰려니 마음에 들지 않아 미루고 있다면, 꼭 글씨를 쓰지 않아도 기록할 수 있는 방법이 있습니다. 또 그동안 기록을 꾸준히 해 왔더라도 시도하지 않았던 방법이라면 꼭 해 보기를 권합니다. 색다른 재미와 영감을 발견하게 될지도 몰라요.

색깔로도 충분해

저의 건강 먼슬리 페이지와 연력 페이지를 함께 볼까요? 색색의 점들이 보일 거예요. 연력에는 운동한 날

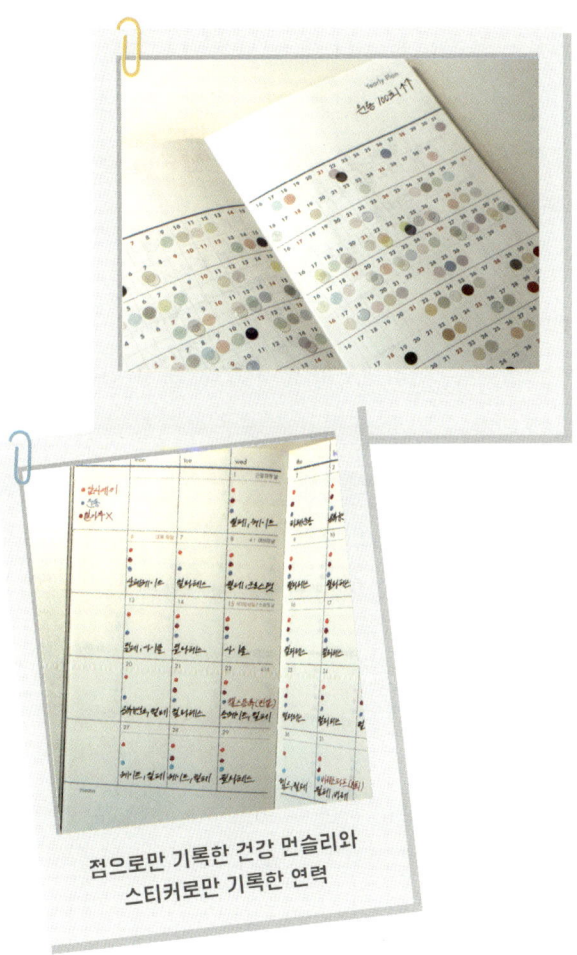

점으로만 기록한 건강 먼슬리와
스티커로만 기록한 연력

을 색깔 스티커로 표시했어요. 그리고 먼슬리에는 한 달간의 건강 루틴을 정한 뒤, 각 루틴별로 색을 지정했습니다. 그날 실천한 루틴에 해당하는 색상만 점을 찍어서 표시했어요. 어떤가요? 간단하지만 한눈에 들어오고, 생각보다 훨씬 쉬워 보이지 않나요? 이처럼 다양한 색상의 펜이나 스티커만으로도 충분히 의미 있는 기록을 간편하게 남길 수 있어요.

    이번에는 여러분도 바로 시도해 볼 수 있는 주제를 함께 생각해 볼까요? 저처럼 몇 가지 생활 루틴을 정하고, 각 루틴에 색을 지정해 실천 여부를 체크해 보는 것은 어떤가요? 또는 그날그날의 기분을 기록하는 '무드 트래커' 방식도 가능해요. 행복, 우울, 지침, 짜증, 설렘처럼 자주 느끼는 감정을 미리 정한 색에 대응시켜 하루를 마무리할 때 해당 색을 칸에 칠하거나 점으로 찍어 보는 거예요. 다이어리를 사용하고 있다면 먼슬리나 위클리 페이지에 기록하면 좋고, 집에 있는 달력을 활용해도 충분합니다. 색깔만으로도 그날의 감정과 기억을 떠올릴 수 있는 멋진 기록이 될 거예요.

스티커는 다다익선

모아 두고 쌓아 둔 스티커가 많다 못해 넘치는 분들이라면, 이 방법을 추천합니다. 집에 있는 다이어리 중 하나를 고르고, 그날 남기고 싶은 생각이나 기분을 먼슬리 페이지에 스티커 한 장으로 표현해 보세요. 그동안 모아둔 스티커들을 모두 꺼내어 매일 한 장씩 붙이기만 하면 됩니다. 정말 간단하죠? 그동안 쓰지 못했던 스티커를 활용할 수 있어서 좋고, 하루를 돌아보며 어울리는 스티커를 고르는 과정에서 자연스럽게 그날의 정리할 수 있어요. 무엇보다 부담 없이 가볍게 기록할 수 있다는 것이 큰 장점입니다.

새로운 기록지에 시작하고 싶다면, 1만 원이 넘는 다이어리 대신 작은 크기에 가격도 부담 없는 귀여운 단어장을 활용해 보세요. 하루에 한 장씩 날짜를 적고, 그날의 기분이나 상황에 어울리는 스티커 하나만 붙이면 됩니다. 가볍게 들고 다니기 좋아 외출 중에도 기록할 수 있고, 시간이 지나 완성된 단어장을 넘겨 보면서 큰 뿌듯함도 느낄 수 있습니다.

스티커로만 기록한 먼슬리 페이지

손글씨 없이 기록하는 데 익숙해졌다면, 이제는 다음 달부터 손글씨를 곁들인 본격적인 기록을 시작하면 됩니다. 그에 앞서, 손글씨에 대한 부담을 덜 수 있는 두 가지 방법을 소개해 드릴게요. 다음에 제시한 방법을 읽고 몇 번이라도 직접 손으로 글씨를 써 보거나, 좋아하는 문장을 옮겨 적어 보는 것만으로도 3월의 기록을 훨씬 가볍고 편안하게 시작할 수 있을 거예요.

손글씨 연습하기

손글씨가 꺼려지는 이유가 나의 글씨체가 마음에 들지 않아서라면, 연습을 통해 개선하는 방법을 시도해 볼 수 있어요. 매일 짧은 문장이나 책에서 본 인상적인 문구를 따라 쓰는 필사가 도움이 될 수 있습니다. 또는 정자체를 익히거나, 마음에 드는 스타일의 글씨체를 골라 따라서 연습하다 보면 서서히 내 글씨체가 변하는 것을 느낄 수 있어요.

저는 캘리그래피라는 취미를 접하면서 다양한 사람

의 글씨체를 따라 썼어요. 그 과정에서 여러 형태의 글씨를 습득했고, 연습을 통해 글씨체도 충분히 바꿀 수 있다는 확신이 생겼습니다. 그래서 올해는 하루에 한 번 왼손으로도 글씨를 써 보고 있어요. 오른손과 다르게 왼손으로 쓰면, 어린 시절 처음으로 글씨를 쓸 때와 비슷한 느낌이 들어요. 오른손보다 훨씬 느리고 서툴지만, 조금씩 나아지는 글씨체를 보는 것이 재미있습니다.

마음에 드는 펜과 노트를 사용하는 것만으로도 손글씨에 대한 애정을 키울 수 있어요. 도구가 편하고 매력적일수록 글씨 쓰는 경험이 즐거워질 가능성이 높습니다. 펜촉의 굵기나 그립감, 종이의 재질이나 두께에 따라 글씨체가 달라지기도 하니, 자신에게 맞는 필기구를 찾아가는 과정도 즐겨보세요. 다양한 펜과 노트를 이용해 보며 한 글자라도 더 써 보는 경험이 자연스럽게 연습으로 이어질 수 있습니다. 처음부터 완벽한 글씨체를 기대하기보다 '오늘은 줄이라도 반듯하게 맞춰 보자'처럼 소박한 목표를 세워 꾸준히 시도해 보면 어떨까요?

내 손글씨를
인정하고 좋아하기

반대로, 글씨체를 바꾸려 애쓰기보다 지금의 손글씨를 있는 그대로 받아들이고 애정을 가지는 것도 좋은 방법입니다. 예쁜 글씨를 지향하기보다 기록 자체에 집중하는 것이죠. 그 과정에서 나도 몰랐던 내 글씨체의 개성을 발견할 수도 있습니다.

손글씨는 개개인의 성격과 감정을 드러내는 중요한 표현 수단입니다. 다소 삐뚤빼뚤하거나 독특한 글씨체도 나만의 특징으로 볼 수 있어요. 남들과 다른 개성이 바로 특별함이 되기도 합니다. 요즘 SNS에 올라오는 기록 사진들을 보면 알 수 있습니다. 글씨체가 깔끔하지 않아도 많은 이들의 공감을 얻는 기록 크리에이터들이 점점 늘어나고 있어요. 마치 어린아이가 쓴 듯한 귀여운 스타일이 오히려 사랑받기도 하죠. 줄이 반듯하지 않거나 정자체가 아니어도 괜찮습니다. 자연스러움에서 나오는 그 사람만의 느낌은 누구도 흉내 낼 수 없는 매력이 되거든요.

손글씨가 반드시 정갈하고 예뻐야 할 필요는 없습니다. 중요한 것은 글씨를 통해 자신의 생각과 감정을 표현하는 것입니다. 때로는 다듬어지지 않은 자연스러운 글씨가 오히려 더 매력적일 때가 많습니다. 한 글자 틀렸다고 해서 새 페이지를 시작하지 말고, 그대로 이어서 보세요. 완벽함을 추구하는 강박에서 벗어나 있는 그대로의 흐름이 충분히 매력적이라는 것을 느낄 수 있을 거예요.

나의 손글씨에 작은 디테일을 추가해 매력적으로 만들 수도 있습니다. 글씨 주변에 간단한 그림이나 선을 더하거나, 좋아하는 색의 펜을 쓰는 것도 좋아요. 또 스티커나 마스킹 테이프를 활용하면 페이지 전체가 보다 풍성해지고, 단조롭지 않게 꾸밀 수 있어요.

기록과 손글씨는 단지 결과물을 남기는 일이 아니라 나 자신과 대화하는 과정 같아요. 손글씨가 어색하거나 불편하더라도 조금씩 개선하거나 있는 그대로 받아들이는 과정을 통해 기록하는 즐거움을 더할 수 있습니다. '글씨가 예쁘지 않아서'라는 이유로 망설이기보다 '오늘도 한 줄 남겼다'는 점에 의미를 두는 건 어떨까요? 그럼 글씨체보다 기록 자체에 집중할 수 있을 거예요.

체크리스트로
루틴 만들기

3월

봄의 기운이 완연해지며 '한 해의 시작은 지금부터'라는 생각이 드는 3월입니다. 설레는 마음과 더불어 해야 할 일도 많아지고, 새롭게 도전하고 싶은 일도 생기기 마련이죠. 이럴 때 '기록'의 힘을 빌려 보는 건 어떨까요? 간단하지만 기록 습관을 만들기에 적합하고, 생활 속 변화도 바로 체감할 수 있는 '체크리스트'를 3월의 기록 방식으로 추천합니다.

사실 하루를 돌아보고 기록으로 남긴다는 것이 처음에는 막막하게 느껴질 수 있어요. 누가 시키는 것도 아닌데, 스스로 하루를 정리하고 생각을 기록한다는 건 쉽

수요일

- ✅ 아침 김밥 먹기
- ✅ 읽고 있던 이북 경제서 완독하기
- ✅ 종이책 20분 이상 읽기
- ✅ 글 수정(1/2 점검+3월 시작)
- ✅ 인스탁스 영상 찍기(삼각대 챙기기)
- ✅ 기록 서포터즈 일정 확인
- ✅ 매장용 안주(치킨+감튀) 주문
- ✅ 저녁 운동(크로스핏)

스마트폰 메모장을 활용한 체크리스트

지 않죠. 많은 분이 "무엇을 써야 할지 모르겠어요"라고 이야기하는 것도 그 때문이 아닐까요. 그래서 저는 노트나 다이어리를 본격적으로 시작하기 전, 체크리스트로 글쓰기의 진입 장벽을 낮춰 보는 것을 권합니다. 체크리스트는 단순하면서도 효과적인 기록 방법이에요. '기록한다는 행위' 자체에 익숙해질 수 있고, 익숙해지면 일상 루틴으로 자연스럽게 자리 잡게 됩니다.

체크리스트는 특별한 준비 없이도 바로 시작할 수 있어요. 포스트잇처럼 작은 메모지를 이용할 수도 있고 스마트폰 메모장에도 가능합니다. 오늘 할 일을 메모지에 적어 항상 들고 다니는 스마트폰 케이스 뒤에 넣어두면 일상에서 한 번이라도 더 보게 되고 그만큼 행동으로 옮길 확률도 높아집니다. 일주일 단위로 적어 보는 것도 좋아요. '이번 주 안에 꼭 처리해야 할 일', '운동 3회 실천하기' 등 간단한 목표부터 적어 보세요. 이번 주까지 해야 할 일이나 이번 주에 운동 몇 회 꼭 하기 등으로 적어 볼 수 있겠죠. 하지만 단순히 할 일을 나열하는 것으로 그친다면 체크리스트의 효과는 반감됩니다. 다음에 소개하는 방법들을 실천하면 실행력과 효율성까지 높일 수 있어요.

체크리스트
작성 시간 정하기

'생각날 때마다 적어야지' 하기보다는 특정 시간을 정해 놓고 그 시간에 체크리스트를 작성해 보세요. 예를 들어 아침 기상 직후, 자기 전, 혹은 일요일 밤 9시 등 정해진 시간에 반복적으로 쓰는 것이 중요합니다. 같은 시간에 같은 행동을 반복하다 보면 자연스럽게 습관이 형성돼요. 매일 같은 시간에 알람을 설정하는 것도 좋은 방법입니다. 알람이 울리면 반드시 스마트폰의 메모장을 열어 한 줄이라도 적어 보세요. 그럼 점차 알람 없이도 자연스럽게 기록할 만큼 익숙해질 수 있어요.

아침이나 저녁을 추천하는 이유는 하루의 흐름을 정리하고 계획을 세우기에 가장 적절하기 때문입니다. 아침에는 오늘 할 일을 점검하고, 저녁에는 하루를 돌아보며 다음 날의 체크리스트를 계획해 볼 수 있어요. 이전에 작성한 내용을 참고하면서 스스로를 점검하고 조율하는 데도 도움이 됩니다.

자세하게 풀어 쓰기

체크리스트를 작성할 때에는 단순히 해야 할 일만 적기보다 그 일을 하기 위한 순서나 구체적인 방법까지 함께 적는 것이 훨씬 효과적입니다. 할 일이 막연하거나 방법이 명확하지 않을수록 실천에 옮기기 어려워지기 때문입니다. 예를 들어 '운동하기'라고만 적는 대신 '저녁 7시에 헬스장 가서 러닝머신 30분, 스트레칭 10분'처럼 구체적인 계획을 세워 두면 실천 가능성이 높아져요. 또한 실행할 때 미리 정해 둔 방법을 떠올리며 행동하면 더욱 집중해서 해낼 수 있어요.

○ 운동 자주 하기

○ 책 많이 읽기

○ 신제품 업로드 완료하기

✓ 월, 수, 금은 퇴근 후 운동하기

✓ 출근길에 이북으로 15분 이상 독서하기

✓ 사진 편집 및 보정, 설명 글 쓰기, 금요일 업로드

우선순위 짓기

해야 할 일이 떠오르면 우선은 모두 적어 보세요. 그런 다음 잠시 시간을 들여 생각해 봅니다. 어떤 일이 가장 중요하고 긴급한지, 어떤 일부터 시작하고 그다음엔 무엇을 하면 좋을지를요. 이렇게 우선순위를 정하고 그 순서대로 일을 처리해 나가면, 각 작업에 어느 정도 시

간이 필요한지도 가늠할 수 있어요. 이 과정에 익숙해지면 자연스럽게 시간 배분도 잘할 수 있게 돼서 미루거나 급하게 처리해야 하는 일들이 줄어듭니다. 또한 순서가 정해져 있으면 중간에 '무엇부터 해야 하지?' 하고 막막해하는 시간이 줄어들고, 집중력도 높아져요. 직장인이라면 퇴근 시간을 앞당길 수 있고, 학생이라면 같은 시간 안에 더 많은 양의 공부를 효율적으로 할 수 있어요.

막체크리스트

지금까지 여러 형태의 체크리스트를 사용해 보았지만 가장 자주 손이 가는 기록 형식은 따로 있습니다. 저는 이를 '막체크리스트'라고 부르는데요. 날짜가 인쇄되지 않은 손바닥만 한 작은 노트면 충분합니다. 매일 날짜에 맞춰 작성할 필요가 없고, 필요할 때 그만큼 자유롭게 사용할 수 있다는 점이 큰 장점입니다. 날짜가 지정된 다이어리는 며칠만 작성하지 않아도 공백이 생겨 부담으로 다가올 수 있습니다. 하지만 일정 분량이나 칸이 정해져 있지 않은 노트는 그날그날의 양에 맞춰 편하게 기록할 수 있어요. 자주 들고 다니기 위해서 미니 사이즈를 선택하는 것도 좋은 방법이에요.

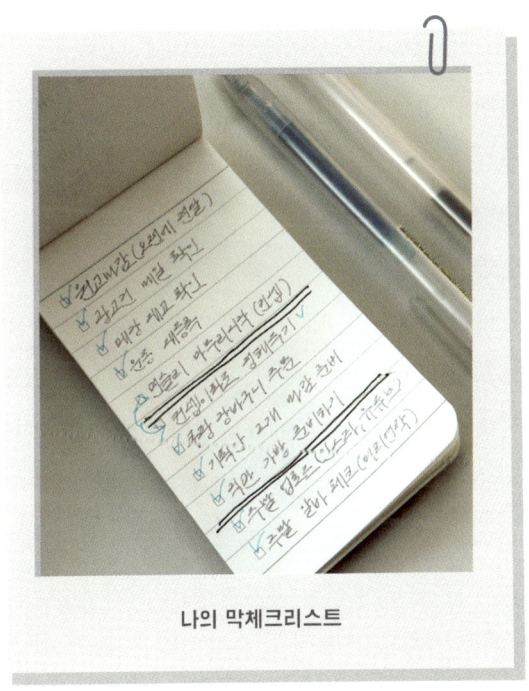

나의 막체크리스트

주·월 단위 체크리스트

하루 단위의 체크리스트로 일상을 계획하는 것도 좋지만, 주간이나 월간 단위의 계획도 함께 세우면 전체적인 흐름을 잡을 수 있습니다.

저는 하루하루에 집중하기 위해서는 큰 목표가 있어야 한다고 생각해요. 그래서 먼저 한 해의 목표를 세우고 월간 체크리스트를 작성합니다. 그다음에는 매주 일요일마다 그다음 주의 체크리스트를 적어 두죠. 이렇게 주간 단위로 기록하는 습관을 들이면 자연스럽게 한 주를 돌아보게 되고, 지난 경험을 바탕으로 다음 주 계획을 세우는 데 도움이 됩니다. 그러다 보면 나의 목표를 향해 올바른 방향으로 나아가고 있다는 생각이 들어요.

체크리스트를 습관처럼 작성하다 보면, 어느 순간 짧게라도 생각이나 감정을 메모하고 싶은 날이 찾아옵니다. 그럴 때는 놓치지 말고 바로 그날의 체크리스트 주변의 여백에 적어 보세요. 혹시 그조차 막연하게 느껴진다면 한 주를 마무리하며 그 주의 체크리스트 후기를 적는 건 어떨까요? 저는 한두 개의 키워드를 정해 짧게라도 기록하고 있답니다. 이렇게 소소한 순간들을 붙잡아 두면 기록 습관이 한층 더 깊이 발전해 나갈 수 있을 거예요.

소소하지만 확실한 뿌듯함, 한 줄 일기

4월

　일기는 누구나 한 번쯤 도전해 보는 기록이죠. 오늘 있었던 일을 시간순으로 적고, 간단한 감상만 덧붙여도 몇 줄 정도는 쓸 수 있어요.

　제가 운영하고 있는 기록 계정을 통해 다양한 질문을 받으면서, 일상을 나열하는 것은 할 수 있지만 거기에 자신만의 느낌과 생각을 담는 것은 어려워하는 분들이 많다는 것을 알게 되었어요. 저도 마찬가지였어요. 마치 방학 숙제처럼 일기를 쓰는 것을 계속 미루었죠.

　그래서 4월에는 '한 줄 일기'를 추천합니다. 하루에 딱 한 줄이면 충분해요. 더도 말고 덜도 말고 딱 한 문장씩만 남겨 보는 거예요. 구체적인 일기를 본격적으로 쓰기 전에 가볍게 워밍업한다고 생각하면 좋겠어요.

한 줄 일기를 쓰기 위해 특별한 준비물이 필요한 것은 아니에요. 날짜가 있는 다이어리가 아니라도 괜찮아요. 줄 노트, 그리드, 무지 형태의 노트도 좋고, 달력에 적어 보는 것도 좋습니다. 스마트폰 메모장을 활용해도 좋아요. 하루 한 줄을 남길 수 있는 도구만 있다면 바로 시작할 수 있어요. '한 줄'이라는 제한이 있기 때문에 부담도 훨씬 적어요. 익숙해지면 실제로 기록하는 시간은 1~2분도 채 걸리지 않을 거예요. 짧고 가벼운 기록이지만, 그 효과는 기대 이상으로 큽니다.

평범한 날들에서
새로운 내 모습 찾기

일기를 쓰기 위해서는 하루를 돌아봐야 하죠. 오늘 어떤 순간이 좋았고, 또 어떤 점이 아쉬웠는지를 생각해야 합니다. 그 과정을 통해 하루를 돌아보면서 정리하고 요약할 수 있어요. 수많은 순간 중에서도 기록하고 싶은 순간을 고르다 보면 내가 진심으로 소중하게 여기는 것이 무엇인지도 알게 됩니다.

대부분 일기라고 하면 막연히 오늘 있었던 일을 시간 순서로 나열하고, '어제랑 똑같은 날이네' 하고 넘기기 일쑤죠. 그러다 보면 자신만의 생각 없이 하루를 보냈다는 느낌이 들고, 얻을 것 없는 기록만 남게 됩니다. 의미 없이 길기만 한 기존의 일기보다, 짧지만 생각이 담긴 한 줄 일기가 훨씬 효과적일 수 있어요. 쓰는 시간은 짧고, 오히려 생각은 더 깊어질 수 있거든요.

"좋은 건 알겠는데, 매일 똑같은 하루라… 쓸 게 있을까요?"

이런 고민을 하는 분들이 참 많습니다. 저 역시 한 줄 일기를 처음 시작했을 때는 '매일 출근, 퇴근, 운동, 먹는 것만 적는데 이걸 계속할 필요가 있을까?' 생각했던 적이 있어요. 그렇지만 일단 기록했어요. 그런데 기록하다 보니 보이기 시작했어요. 매일 똑같은 하루는 절대 없다

한 줄 일기가 한 달 동안 빼곡히 쌓인 모습

는 것이요. 매일 비슷한 일정을 소화하는 것뿐이지 오늘 입은 옷, 먹은 음식, 들은 음악, 지나친 풍경, 날씨 등 자세한 부분들은 다르게 흘러가고 있었어요. 매일 비슷한 날씨라도 문장으로 풀어 쓰다 보면 다르게 표현할 수 있다는 걸 느끼기도 했답니다. 그래서 하루에 단 한 줄이라도 적는 것이 중요합니다. 그냥 흘러가는 시간은 눈에 보이지 않지만, 기록이라는 방식으로 시각화하면 비로소 보이기 시작하니까요.

저는 '케이크를 자주 사는 삶'을 살고 싶어요. 기록과 독서가 함께하는 카페 타임에 케이크를 곁들이는 것도 좋지만, 일상에서 소소하게 축하하고 기념하는 일이 많아지면 더 좋겠다고 생각하거든요. 너무 사소하다고 생각해서 감정을 느끼기도 전에 지나치는 순간들을 기록을 통해 자세히 들여다보고 충분히 느껴 보려고 해요.

앞서 말했듯이 하루 한 줄을 쓰기 위해선 하루를 돌아보는 시간이 필요합니다. 돌아보는 그 시간 속에서 오늘이 하나의 장면처럼 그려져요. 그러다 보면 작은 순간에도 감사하고, 크고 작은 모든 일들이 특별하게 느껴지기 시작하죠. 그렇게 특별한 것 없다고 여겼던 하루가 조금씩 긍정의 기운으로 채워지는 하루로 바뀌게 될 거예요.

먼슬리
입문하기

　기록하는 데 익숙한 분이라면 이미 먼슬리 다이어리를 쓰고 있을 거예요. 저는 기록을 위해 다이어리를 찾는 지인들에게 딱 하나만 추천한다면, 주저 없이 먼슬리 다이어리를 권합니다.

　먼슬리는 한 달을 한 장에 담는 형식을 말해요. 저는 인스타그램에서 '먼슬리 덕후'로 알려져 있어요. 2024년부터 매달 일곱 개의 먼슬리 페이지를 다양한 주제로 꾸준히 기록해 왔어요. 저는 어쩌다가 이렇게 먼슬리를 사랑하게 된 걸까요?

　제 경험으로는 먼슬리는 가장 활용도가 높으면서도

기록 초보자들도 쉽게 시작할 수 있는 방식이에요. 매일 여러 페이지에 뭔가를 써야 하는 게 아니라, 한 달에 딱 한 장만 채우면 되니까요. 시작할 때 부담이 적고, 만약 기록 방식이 마음에 들지 않아도 다음 달에 새로운 방법으로 다시 시작할 수 있죠. 앞서 말한 하루 한 줄 일기도 먼슬리 페이지로 충분히 시작할 수 있어요.

먼슬리의 가장 큰 장점은 한 장에 한 달을 요약할 수 있다는 점이에요. 단순한 일정 체크뿐 아니라, 한 줄 일기나 포토 다이어리 등 다양한 방식으로 한 달을 기록할 수 있어요. 한 칸에 하루를 담는다고 생각하면 가벼운 마음으로 도전해 볼 수 있습니다. 같은 하루라도 어떤 주제로 기록하느냐에 따라 다른 글이 담기고, 그것이 쌓여 다른 느낌의 한 달이 만들어져요. 여러 개의 먼슬리를 동시에 작성하는 것이 처음엔 어려울 수도 있지만, 같은 날을 여러 시선으로 바라보며 기록하는 재미도 꽤 쏠쏠하답니다.

나의 먼슬리들

많은 분이 먼슬리를 일정 관리 용도로만 쓰고 있어요. 대부분 생일, 기념일, 휴일 등 기억해야 할 날짜들만 적어 두곤 하죠. 하지만 매일을 돌아보고 기록해 두면, 기억하지 못했던 일상의 작고 소중한 순간들도 남길 수 있어요. 예를 들어 1월에 하루 한 장씩 남겼던 사진을 인화해 먼슬리 칸에 붙여도 좋고, 그림이나 스티커로 대신해도 좋아요. 그림이 어렵다면 이모티콘이나 색깔로 그날의 기분을 표시하는 것도 좋은 방법이에요.

한 칸이지만 활용도가 생각보다 뛰어나고, 다양한 방식으로 도전하기 좋은 게 먼슬리예요. 이번 달의 기록법이 아쉬웠다면 다음 달엔 다른 기록법으로 또 새로운 한 달을 시작하면 돼요. 그렇게 하다 보면 나에게 꼭 맞고 지속 가능한 기독법을 발견하게 될 거예요. 저는 메인(일상), 사진, 한 줄 일기, 업무, 건강, 루틴, 다꾸 용도로 총 일곱 개의 먼슬리를 작성하고 있어요.

너무 바빠서 시간이 없다는 핑계는 먼슬리 앞에선 통하지 않아요. 하루에 작은 한 칸만 채우면 되니까요. 내용만 미리 생각해 둔다면 기록하는 데 5분도 걸리지 않거든요. 저도 일곱 권의 먼슬리를 매일 다 쓰진 않아요. 하루하루를 메인 다이어리에 손글씨로 기록하고, 글로 표현하기 힘든 순간들은 사진으로 남겨 둡니다. 그리고 일주일이나 열흘에 한 번씩 나머지 먼슬리들을 펴고 메인 기록과 사진을 보며 요약해서 채워 나가요. 며칠 밀린다고 해도 무리 없이 채울 수 있다는 점이 제가 먼슬리를 좋아하는 가장 큰 이유이기도 해요. 부담 없이 지속 가능한 게 역시 좋으니까요.

먼슬리 페이지에는 이달의 목표 몇 가지를 함께 적는 것을 추천해요. 저는 운동 횟수와 독서 권수를 꼭 숫자로 정해 둡니다. 또한 앞에서 설명한 것과 같이, 여기에도 '운동 자주 하기, 책 많이 읽기'보다는 '운동 15회 이상, 독서 세 권 이상'처럼 구체적인 수치를 정하면 행동으로 옮기기가 훨씬 쉽습니다. 한 달이 끝날 때쯤 먼슬리 페이지를 보며 목표 달성도를 체크하고, 잘한 점과 아쉬운 점을 돌아보고 다음 달 목표에 반영할 수 있어요. 한 달을 그냥 흘려보낸 것이 아니라 스스로 계획하고 움직였다는 성취감을 느낄 수 있답니다.

먼슬리 한 가지만 잘 활용해도 다양한 기록을 경험할 수 있고, 무심히 지나가는 일상을 의미 있는 시간으로 바꿀 수 있어요. 한 칸씩 채워지는 기록이 결국 삶을 더 단단하고 풍요롭게 만들어 줄 거예요. 하지만 처음에 아무런 주제나 목표 없이 시작한다면 거기서 또 멈춰 버리겠죠? 먼슬리와 친해지려는 첫 달에 작성하기 좋은 주제를 추천해 보겠습니다.

이번 달의 목표는 하나만

이번 달에 가장 집중하고 싶은 것 딱 한 가지를 정해 보세요. 문장이 될 수도 있고, 단어 하나만 적어도 괜찮아요. 한 달을 이끄는 테마를 정해 두면, 무엇에 집중하며 이 시간을 보낼지 머릿속에 그려 볼 수 있어요. 그저 흘러가는 한 달과는 시작부터 달라집니다. '건강', '일단 움직이기', '일본어 공부의 달'처럼 단순하지만 명확한 목표를 적어 보세요. 그것만으로도 집중력과 실행력을 높일 수 있어요.

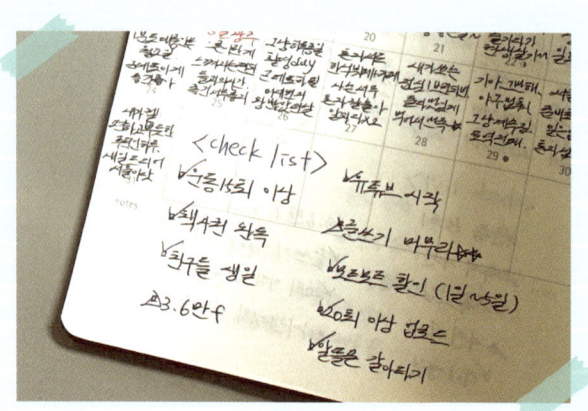

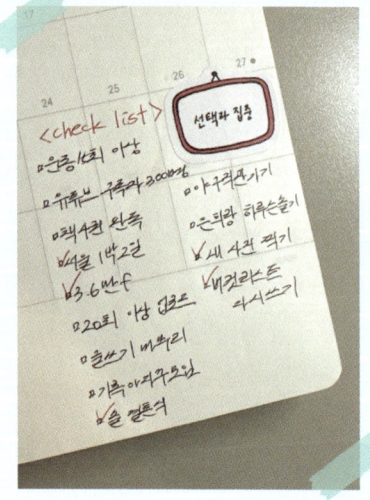

먼슬리 페이지의
빈 공간을 활용한
체크리스트

이달의 테마를 정했다면 꼭 해야 할 일이나 이루고 싶은 목표들을 먼슬리 페이지의 빈 공간에 구체적으로 적어 보세요. 3월에 연습했던 체크리스트를 먼슬리 페이지에 적용해 보면 좋겠죠.

하루에 한 단어만

체크리스트로 빈 공간을 채웠다면, 이제는 먼슬리 칸이 남아 있겠죠? 다이어리마다 모양은 조금씩 다르지만, 단어 하나쯤은 충분히 쓸 만한 칸이 있을 거예요.

첫 먼슬리 페이지는 '하루에 한 단어'만 적는 방식으로 시작해 보세요. 하루 한 줄 일기보다 훨씬 간단하죠. 하루를 요약하는 단어여도 좋고, 그날 가장 기억에 남는 단어도 괜찮습니다. 제가 이번 달에 기록한 단어들을 보니 '서울, 영상 편집, 달리기, 용기' 등입니다. 서울 여행을 갔던 날에는 서울을, 하루 종일 유튜브 영상을 편집했던 날에는 편집을, 오랜만에 러닝을 했던 날에는 달리기, 그리고 용기를 내서 이것저것 도전한 날에는 용기를 적었어요. 이렇게 단순히 떠오르는 단어를 적어도 좋고, 하루를 상징하는 단어에 나만의 의미를 담아도 좋아요.

앞에서 추천한 두 가지 방법 중 하나를 골라 한 달 동안 꾸준히 기록해 보세요. 월초에 간단한 계획을 세우고, 단어는 2~3일에 한 번씩 몰아서 써도 괜찮습니다. 무리 없이 한 장에 한 달을 담을 수 있을 거예요. 그렇게 기록하는 습관을 들이며 먼슬리라는 기록법에 자연스럽게 익숙해지길 바랄게요.

먼슬리
응용하기

6월

  5월에 먼슬리를 처음 접하고 한 달 동안 조금 익숙해졌다면, 이제는 더 다양한 방식으로 먼슬리를 채워 볼까요? 같은 한 달을 담더라도 기록 주제에 따라 전혀 다른 모습으로 표현된다는 점이 먼슬리의 매력입니다. 제가 소개한 기록 주제 중에서 하나를 골라, 6월 한 달을 한 장의 먼슬리 페이지에 담아 보면 어떨까요? 하나로 부족하다면 두세 가지 주제를 함께 시도해 보아도 좋습니다.

건강 먼슬리

앞서 소개한 색깔 기록법을 활용하면 '건강 먼슬리'를 기록할 수 있어요. 저는 '건강 먼슬리'라고 부르지만, '루틴 먼슬리'나 '체크 먼슬리'처럼 자신에게 맞는 이름을 붙여도 좋아요. 보통 운동이나 식사처럼 건강과 관련된 루틴을 정하고 한 달 동안 얼마나 잘 실천했는지를 기록합니다. 방법은 아주 간단해요. 작은 칸에 점을 두세 개 찍는 것만으로도 충분하죠. 예를 들어 러닝, 샐러드, 물 2리터, 노 카페인 같은 키워드들을 사용하면 됩니다.

방법이 간단하기 때문에 꾸준히 실천하기에 부담이 없고, 동시에 나의 작은 실천들이 눈에 보여서 자연스럽게 동기부여를 할 수 있어요. 특히 운동을 하기로 마음만 먹고 실천하지 못했던 날이나, 생각보다 잘 실천한 한 주가 색깔이나 점으로 남아 있으면 나 자신을 더 잘 돌아보고 있다는 실감이 들어요.

아주 단순한 방법이지만 효과는 분명해요. 한 달이 지나고 나면 '이번 달은 내 몸을 얼마나 아꼈는지'를 한눈에 확인할 수 있으니까요. 방법은 간단하지만 나 자신과 친해질 수 있는 기록입니다.

다이어리 꾸미기

저처럼 스티커보다 글씨에 큰 비중을 두는 이른바 '글씨 기록파'라면 한 달에 한 번 정도 먼슬리에 다이어리 꾸미기를 해 보는 것도 좋은 방법입니다.

저는 스티커를 많이 갖고 있지만 자주 사용하지 않고 쌓아만 두고 있었어요. 주로 글씨 위주의 기록을 남기지만, 다이어리를 꾸미는 데 대한 로망과 열정은 늘 가지고 있었답니다. 그래서 '한 달에 한 번쯤은 해 보고 싶었던 다꾸를 마음껏 하자, 내가 좋아하는 스타일의 먼슬리 페이지를 만들어 보자'라는 생각으로 다꾸 전용 먼슬리를 시작했어요. 그동안 모아 두기만 했던 스티커들을 마음껏 활용할 수 있다는 점이 만족스럽고, 꾸미는 즐거움까지 더해져 기분 전환용으로도 좋은 먼슬리 방식이 되었어요.

독서 먼슬리

한 달에 여러 권의 책을 읽는다면 '독서 먼슬리'를 활용해 보는 것도 좋습니다. 독서 먼슬리는 말 그대로 한 달 동안의 독서 흐름을 한눈에 파악할 수 있도록 도와주는 기록이에요. 책을 읽기 시작한 날짜에 제목을 적고, 완독한 날짜까지 화살표로 연결해 주기만 해도 충분합니다. 단순해 보이지만, 이렇게 표시해 두면 한 달 동안 어떤 책을 얼마나 자주, 어떤 속도로 읽었는지 확인할 수 있어 생각보다 큰 성취감을 느낄 수 있어요. 책을 읽기 전에는 몰랐던 나만의 독서 리듬도 자연스럽게 드러나고요.

이 기록을 좀 더 활용하고 싶다면 책 제목 옆에 번호를 붙여 한 달 동안 완독한 책 권수를 집계해 보세요. 페이지 하단에 '이번 달 읽은 책', '읽는 중인 책'처럼 간단한 내용을 추가하는 것도 좋습니다. 또는 책 제목 옆에 한 줄 감상평이나 별점을 남기는 것도 추천해요. 예를 들어 '천천히 곱씹으며 읽고 싶은 책', '초반은 좋았지만 후반이 아쉬웠음'처럼 나의 취향과 인상을 간단히 기록

한 달 동안 읽은 책을 기록한 독서 먼슬리

해 두면, 나중에 다시 페이지를 넘길 때 그 시기의 감정과 기억까지 자연스럽게 떠오를 거예요.

업로드 기록

'업로드 먼슬리'는 저처럼 SNS를 꾸준히 운영하는 분들께 추천하고 싶은 기록 방식입니다. 개인적인 용도나 업무와 관련된 활동 때문에 인스타그램, 스레드, 유튜브, 블로그 등 다양한 플랫폼에 정기적으로 콘텐츠를 올리는 분들에게 유용해요.

저는 게시물을 업로드한 날짜에 주제를 간단히 적고, 어떤 플랫폼에 올렸는지도 함께 표시해 두고 있습니다. 이렇게 하면 업로드 횟수나 빈도를 한눈에 확인할 수 있을 뿐 아니라, 비슷한 유형의 게시물만 반복하고 있는지 점검하기에도 좋아요. 또한 이러한 기록을 꾸준히 남기다 보면, 자연스럽게 콘텐츠에 대한 다양한 아이디어가 떠오르기도 합니다. 나만의 콘텐츠 흐름을 시각화하고 싶은 분들에게 특히 추천합니다.

무드 트래커

살다 보면 어떤 날은 특별한 이유 없이 마음이 가볍고, 또 어떤 날은 아무 일도 없었는데도 이상하게 마음이 무거워요. 뚜렷한 사건이 있어서라기보다, 그냥 마음이 그런 거죠. 기분은 생각보다 훨씬 자주, 조용하게, 그리고 은근히 하루의 흐름에 영향을 미칩니다.

'무드 트래커'는 달력 형태의 먼슬리에 오늘의 기분을 색으로 표시하는 방식이에요. 예를 들어 기분이 좋았던 날은 노랑, 우울했던 날은 파랑, 무난했던 날은 회색처럼 정해 두고 매일 색을 칠하는 거죠. 이렇게 색으로 감정을 남기면 복잡한 설명 없이도 한 달간의 기분을 한눈에 파악할 수 있어요.. 기분이 들쭉날쭉해서 색깔이 자주 변했어도 그 자체로 의미가 있고, 비슷한 색이 연달아 나타났다면 또 다른 신호일 수 있어요.

저는 이 기록을 조금 더 확장해 보시기를 권합니다. 단순히 그날의 기분을 칠하는 것이 아니라, 그런 감정이 왜 생겼는지, 혹은 어떤 상황에서 그런 기분이 들었는지도 함께 기록하는 것이죠. 짧은 메모만으로도 나의 감정

흐름을 더 깊이 이해하는 데 도움이 될 거예요.

> 오늘 하루 종일 무기력했다.
>
> 아침에 일어났을 때부터 몸이 무거웠고,
>
> 아무것도 하기 싫었다.
>
> 생각해 보니 며칠째 잠을 제대로 못 잤다.

이처럼 '왜 그런 기분이었는지'를 되짚다 보면 내 감정의 흐름과 패턴을 조금씩 이해할 수 있어요. 나는 어떤 상황에서 위로를 받고 어떤 말에 상처를 받는 사람인지를 알 수 있고, 혼자 있는 게 더 편한지, 아니면 누군가와 함께 있어야 비로소 마음이 풀리는지를 알 수 있죠. 기분이 좋았던 날이라면 그 이유 또한 함께 적어 두세요. 즐거웠던 하루는 그 자체로도 소중하지만, 나중에 기록을 다시 꺼내 읽었을 때 더욱 큰 기쁨과 위로가 되어 줄 수 있습니다. 감정은 아무 이유 없이 스쳐 지나가는 것이 아니라 나름의 원인이 있어요. 다만 우리가 평소 그 감정에 충분한 관심을 기울이지 않았을 뿐이죠.

또 하나 중요한 것은 기분을 있는 그대로 기록할 수 있는 '용기'입니다. 기록은 보기 좋으려고 존재하는 것이 아니니까요. 감정에는 옳고 그름이 없으며, '괜히 이런 감정을 느끼면 안 되지 않을까' 하고 생각할 필요도 없습니다. 질투, 외로움, 무기력, 조급함 같은 감정들도 결코 나쁜 것이 아니기 때문이에요. 꾸준히 기록하면 그런 감정들을 자연스럽게 인정하고 받아들이게 될 거예요.

한 달 동안의 감정을 기록한 무드 트래커

6월은 다양한 주제 가운데 지금 내 마음과 생활에 가장 어울리는 것을 골라 기록해 보는 달입니다. 하나의 정해진 틀에 맞추기보다 '내가 좋아하는 방식'으로 다이어리를 채워 가는 경험이 이번 달의 핵심이에요.

　하루하루의 기분이 궁금하다면 색으로 표현해 보고, 실천한 흔적을 남기고 싶다면 점이나 단어로, 감상을 덧붙이고 싶다면 짧은 문장으로 기록해 보세요. 어떤 방식이든 괜찮습니다. 중요한 것은 '지금 이 순간의 나'를 조금 더 가까이에서 바라보고, 기록하며 되짚어 보는 일이에요. 이번 달에는 정답 없이 자유롭게 써 내려가세요. 가볍게 시작해도 괜찮고, 하루나 이틀쯤 건너뛰어도 괜찮습니다. 기록하는 시간은 결국 노력하는 나 자신과 천천히 친해지는 과정이니까요.

위클리 기록의
시작

 여러분은 달리기를 좋아하시나요? 저는 달리기를 잘하지도 않고, 사실 좋아하지도 않아요. 그런데 예전에 함께 운동하던 사람들과 마라톤 대회를 준비하게 된 적이 있었어요. 대부분은 10킬로미터 코스에 신청했지만, 저는 제 실력을 잘 알기에 욕심내지 않고 5킬로미터에 도전했죠. 어떤 분들에게는 가볍게 느껴질 수 있는 거리지만, 저에겐 절대 만만하지 않았거든요. '걷지만 말고 천천히라도 달려 보자'는 목표를 세우고 대회 전까지 꾸준히 연습했어요. 2~3킬로미터 구간을 여러 번 반복하며 거리를 점점 늘렸고, 덕분에 대회 당일에는 한 번도

쉬거나 걷지 않고 5킬로미터를 완주할 수 있었답니다.

이 경험처럼 여러분도 이제 막 달리기를 시작하는 초보 러너라고 생각해 보면 어떨까요? 처음부터 하프 마라톤이나 풀코스를 목표로 삼으면 완주는커녕 시작도 어려울 수 있겠죠. 초반에는 짧더라도 자주, 꾸준히 연습하는 것이 중요한 것은 기록도 마찬가지예요.

얇은 다이어리는 부담 없이 시작할 수 있어 기록 습관을 들이기에 적합합니다. 그래서 1월부터 6월까지는 간단한 기록과 먼슬리 페이지 중심으로 다이어리를 구성해 왔어요. 반면 처음부터 1년짜리 혹은 두꺼운 노트를 선택하면 양이 많아 보여 오히려 부담이 되고, 기록 자체가 멀게 느껴질 수 있어요. 마치 긴 레이스를 앞두고 빈약한 체력에 허덕이는 기분과 비슷하죠. 처음에는 분량이 적은 다이어리를 여러 권 완성해 보면서 경험을 쌓는 것이 좋습니다. 얇은 다이어리로 시작해서 점차 두꺼운 다이어리를 목표로 도전해 보는 거예요.

초보자에게는 특히 한 달, 3개월, 6개월 분량과 같이 호흡이 짧은 다이어리를 추천합니다. 이때 목표한 기간

동안 기록을 꾸준히 이어 가는 데 집중하는 것이 핵심이에요. 몇 주 분량의 미니 노트도 좋아요. '부담 없이 시작하는 경험'을 여러 번 반복하면 자연스럽게 기록을 지속하는 힘도 길러집니다. 얇은 다이어리는 단거리 레이스처럼 금방 완주할 수 있어 성취감을 빠르게 맛볼 수 있습니다. 그 작은 성공들이 쌓이면 점점 더 긴 여정을 준비할 수 있는 자신감이 생겨요. 기록도 처음엔 짧게 시작하고, 그 경험을 통해 점차 길게 이어 가 보세요.

작은 성공을
차곡차곡 쌓기

기록을 꾸준히 하려면, 크진 않아도 반복되는 성공 경험이 중요해요. 그런 경험이 쌓이면 더 큰 도전도 두렵지 않고, 미루지 않고 지속할 수 있는 자신감이 생깁니다. 달리기에서 처음 5킬로미터를 완주한 사람이 '다음엔 10킬로미터도 가능하지 않을까?' 생각하는 것처럼요. 저도 처음부터 1년짜리 다이어리를 끝까지 완성한 건 아니었어요. 얇은 다이어리를 여러 권 완성한 경험을 쌓으며 '이제는 1년도 기록할 수 있겠다'는 확신을 얻었죠. 그 과정에서 스스로에 대한 자신감이 자라났고, 나아가 자존감까지도 높아지는 경험을 했습니다.

한 권의 다이어리를 무리 없이 쓰는 습관이 생기면 '이런 기록은 별도로 남기고 싶다'는 생각이 들 수 있어요. 저도 처음엔 한 권에 모든 걸 기록하다가, 익숙해진 후 체크리스트용 노트를 따로 사용하며 다이어리 개수를 하나씩 늘려 갔어요.

기간이 짧고 얇은 다이어리들은 제게 '작은 성공의 경험'이 되었고, 기록을 평생의 습관으로 이어 가는 데 밑거름이 되었습니다. 처음엔 한 달, 6개월이었지만 이제는 1년 기록도 부담스럽지 않아요. 나아가 평생 기록하며 살아갈 수 있겠다는 확신도 생겼습니다. 자신을 알아 가고 더 뚜렷한 사람으로 성장하기 위해서는 '성취감'과 '자신감'이 무엇보다 중요해요. 얇고 소박해 보이는 다이어리 한 권이 그런 작은 성공이 되고, 그 성공을 반복하면서 우리는 조금씩 앞으로 나아가는 거예요.

일상을 기록하다 보면 삶을 바라보는 태도와 마음가짐도 점차 달라집니다. 하루이틀 기록했다고 삶이 확 달라지진 않지만, 한 달만 꾸준히 써 보면 어느새 일상을 더 자주 돌아보고, 그 하루하루를 더 깊이 느끼게 됩니다. 여러분도 이 과정을 꼭 경험해 보셨으면 좋겠어요.

무엇을 기록할지가 여전히 고민이라면, 제가 사용했던 얇은 다이어리들을 함께 살펴보며, 여러분께 맞는 짧은 호흡의 다이어리를 골라 보는 건 어떨까요?

아날로그키퍼의
핸디 다이어리

아날로그키퍼의 '핸디 다이어리'는 위클리 체크리스트를 쓰기 적절해 추천하는 제품입니다. 이름 그대로 작은 크기의 주간 다이어리로, 날짜가 인쇄되어 있지 않아 원하는 시점에 시작할 수 있는 것이 큰 장점입니다. 3월에 연습했던 체크리스트를 습관으로 이어 가며 한 주간의 계획을 세우고 그 계획을 하루 단위로 나누어 실천하

6개월 분량의 핸디 다이어리 두 권으로 기록한 1년

는 연습에 적합해요. 검정, 빨강, 파랑 세 가지 색이 들어 있는 멀티펜 하나만 준비하면 기록이 훨씬 보기 좋아집니다. 예를 들어 계획은 검정 펜으로 작성하고, 나머지 색 중 마음에 드는 색으로 완료 항목에 줄을 긋거나 체크 표시를 해 보세요. 단순하지만 계획과 실천의 흐름이 한눈에 보여 만족도가 높습니다.

완료하지 못해 다음 날이나 다음 주로 넘어간다면 다른 색깔로 체크해 두면 편하겠죠? 이 다이어리에는 체크리스트뿐 아니라 짧은 일기를 쓰기에도 좋아요. 또한 먼슬리에 일기를 쓰기 아쉬웠지만 한 장을 채우는 것까지는 자신 없다면 이 다이어리를 활용해 보는 것을 추천합니다.

오롤리데이의 원데이 원해피

이름부터 '해피'라는 단어가 들어 있는, 한 달 분량의 노트입니다. 이 노트를 처음 발견했을 때 마치 어린 시절로 돌아가 일기를 쓰는 듯한 기분이 들었어요. 작아서

남자 친구와 썼던 교환 일기

혼자서 쓴 행복 일기

부담 없이 사용할 수 있고, 왼쪽 페이지는 그리드 형태라 스티커를 붙이거나 그림 그리기에 좋았어요. 오른쪽 페이지는 줄이 그어져 있어, 그날그날의 행복했던 일을 떠올리며 짧게 글을 쓰기에도 적합했습니다. 한 달 동안 귀여운 다이어리를 꾸미면서 일기를 쓰고 싶을 때, 또는 생일처럼 특별한 날이 있는 달에 기록할 때 특히 잘 어울리는 노트예요.

혼자만 사용하기엔 아까워서 남자 친구와도 함께 일기를 써 본 적도 있어요.. 여행을 앞두고 한 달 전부터 각자 기록을 시작해 여행 당일 서로의 노트를 교환하는 방식이었죠. 채우기만 해도 고마울 것 같았는데, 예상보다 훨씬 성의 있게 작성했더라고요. 나름대로 스티커도 붙이고 직접 그림도 그렸는데 그 일기는 지금까지도 저의 눈물 버튼이에요. 생각날 때마다 꺼내서 읽어 보는데, 볼 때마다 마음이 울컥합니다. 이 노트는 혼자 쓰기에도 좋고, 소중한 사람과 교환 일기로 활용하기에도 기간과 크기가 부담 없어서 특히 추천해요.

다양한 주제로
기록해 보기

　기록이 더 이상 어렵거나 두렵지 않다면 이제는 조금 더 다양한 방식에 도전해 볼 시간입니다. 8월과 9월은 각각 하나의 주제를 정하고 한 달 동안 해당 주제에 집중해 기록하는 '기록 체험판' 기간이라고 생각해 보세요. 먼슬리 부분에서 소개했던 것처럼, 특정한 주제를 정해 기록하는 방식을 추천해요. 주제별 기록은 해당 주제에 대해 깊이 생각하고 애정을 갖는 기회가 되기도 합니다. 자연스럽게 기록하는 습관을 들이고 싶은 분들께도 좋은 출발점이 될 수 있어요.

하루를 긍정적인 에너지로 바꾸는
행복 기록, 감사 일기

매일의 기록 주제로 '행복'이나 '감사'를 선택해 보세요. 하루를 돌아보며 불행이나 불만보다는, 작지만 소중한 감사와 행복의 순간을 찾아내는 연습을 할 수 있어요. 사소한 일상에서도 감사할 일을 발견하고, 작은 기쁨을 기록하는 습관은 긍정적인 사고방식을 기르는 데 도움을 줍니다.

사실 처음엔 저에게도 '감사'라는 단어는 조금 어색하고 어렵게 느껴졌어요. 하지만 긍정적인 기록을 남기고 싶다는 마음에서 시작한 것이 바로 '행복 기록'이었어요. 억지로 감사할 일을 찾기보다는 '오늘 좋았던 일을 하나만 기록해 보자'는 가벼운 마음으로 시작했죠. 그렇게 시작하니 오히려 더 적극적으로 행복한 순간을 찾게 되었고, 평소에는 지나쳤던 사소한 일에도 행복을 느낄 수 있었어요. 이런 기록은 매일의 작고 소중한 기쁨을 놓치지 않고 담아 두는 습관을 만들어 줍니다. 그리고 시간이 지나 다시 읽어 보면, 자신이 얼마나 많은 좋은 순간들을 살아왔는지 느낄 수 있게 됩니다.

나와 더 친밀해지는
건강 기록

'건강 기록'이라고 하면 병 없이 건강하고 규칙적인 식사와 운동 루틴을 실천하는 사람만이 쓰는 것처럼 느껴질 수도 있어요. 하지만 저는 오히려 그렇게 살지 못했기 때문에 건강 기록을 시작했습니다. 저는 건강이라는 주제로 다이어리를 따로 구분해 사용하고 있어요. 그 노트를 소개할 때 자주 하는 말이 있어요.

"저와 친해지려고 더 쓰는 것 같아요. 제 기분, 제가 맞춰 주고 싶어서요."

사실 감정이나 기분의 변화는 종종 신체 상태에서 비롯되곤 합니다. 그리고 그런 몸 상태는 평소의 습관과도 깊은 관련이 있죠. 그래서 저는 무엇을 먹었는지, 어떤 활동을 했는지, 몸의 변화는 어땠는지, 병원에는 언제 다녀왔는지를 꼼꼼히 기록하기 시작했어요. 모두 저 자신을 더 잘 알고 돌보기 위한 과정이었습니다.

예를 들어 오늘 먹은 음식을 기록해 보세요. 단순히 메뉴를 적는 것을 넘어서, 식사 후 몸의 반응이나 다음 날 피부 상태까지 함께 적으면 좋아요. 또 운동이나 걷기 등 활동량을 간단히 기록해 두면 내 몸의 리듬을 파악할 수 있습니다. 피로도, 컨디션, 수면 상태 등을 아침이나 저녁에 짧게 적어 두는 것도 좋고요. 이렇게 기록을 이어 가다 보면 몸과 마음이 어떤 요인에 따라 달라지는지 점점 알 수 있게 됩니다.

결국 건강 기록은 나 자신을 이해하고 돌보는 연습입니다. 몸과 마음의 신호에 귀 기울이는 습관은 앞으로의 삶에서 나 자신과 오랫동안 건강한 관계를 유지하는 데 큰 도움이 될 거예요.

TMI 기록하기

일기를 꾸준히 쓰기 위해서는 무엇보다 재미가 중요합니다. 그렇다면 오늘의 'TMI(too much information)', 즉

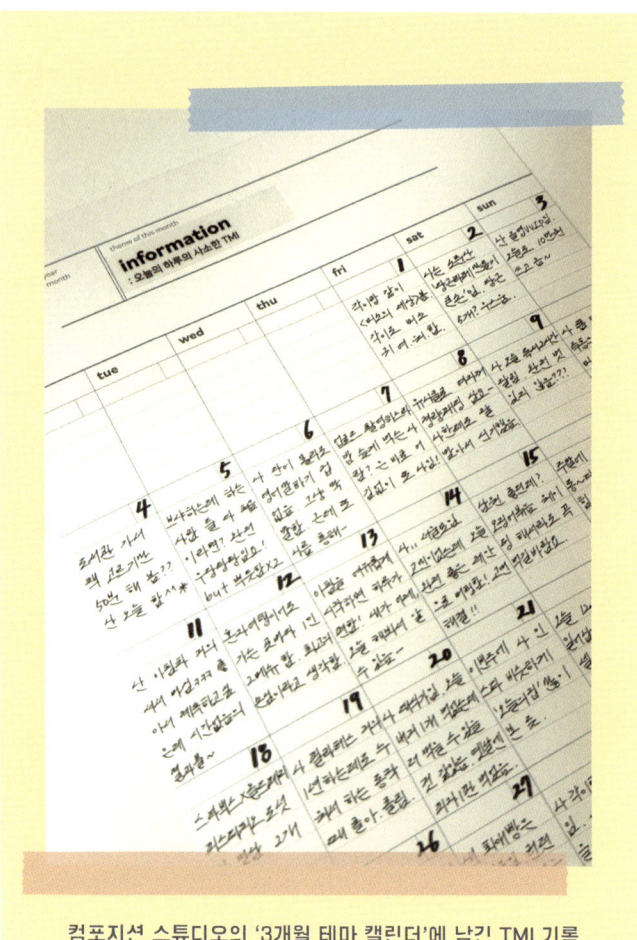

컴포지션 스튜디오의 '3개월 테마 캘린더'에 남긴 TMI 기록

너무 사소해서 굳이 말하지 않아도 될 정보들을 주제로 기록해 보는 건 어떨까요? 오늘 있었던 아주 사소한 일, 남들에게는 별 의미 없을지 몰라도 나에겐 기억에 남는 작은 순간들을 적어 보는 거예요. 예를 들어 오늘 점심으로 김치찌개를 먹었는데 두부가 평소보다 훨씬 많이 들어 있어서 신기했다거나, 오늘도 필라테스 하다가 졸았다는 사실과 같은 것이요. 이런 식의 기록은 하루를 새로운 시선으로 돌아보게 해 줍니다. '맞아, 이런 일도 있었지' 하고 떠올리는 것만으로도 평범한 하루가 조금 더 특별하게 느껴지기도 하거든요. TMI 기록은 쓰는 재미를 느낄 수 있으니 여러분도 꼭 해 보시면 좋겠어요.

평소 하지 않았던
질문을 하기

제가 다양한 기록을 남기는 이유는 여러 관점으로 세상과 나 자신을 바라보고 싶었기 때문이에요. 그런데 막상 기록을 해 보면 대부분이 일상이나 나에 관한 이야

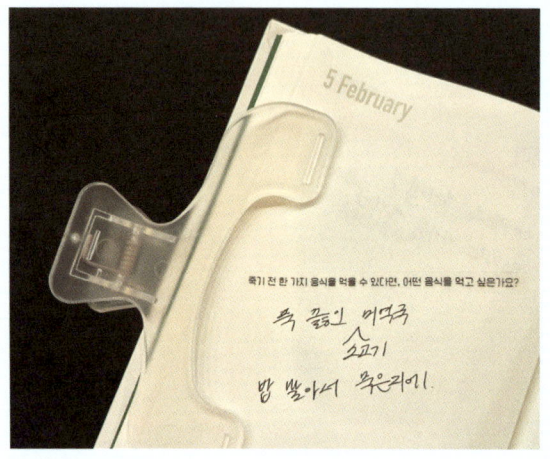

질문 스티커를 활용한 질문 일기

기쁨이더라고요. 그래서 늘 새로운 방식의 기록에 대한 갈증이 있었어요.

혼자서 생각하는 것만으로는 한계가 있을 것 같아 여러 문구 아이템의 도움을 받아 시작한 것이 '질문 일기'입니다. 요즘에는 100가지가 넘는 글쓰기 질문이 스티커나 마스킹 테이프 형태로 출시되기도 하고, 스마트폰에 태그하면 일기 주제를 알려주는 NFC 키링도 나와 있어요. 추천하고 싶은 것은 오롤리데이의 '나의 매일을 바꿔 줄 100가지 질문 스티커'입니다. 이런 도구를 활용하면 혼자서는 떠올리기 어려운 질문을 마주하며 스스로에게 질문을 던지고 상상하며 답을 써 내려갈 수 있어요. 저는 MBTI가 '파워 S(감각형)'인데, 질문 일기를 쓸 때만큼은 'N(직관형)'이 된 기분이라 특히 더 즐겁게 기록할 수 있었습니다.

특별한 날을 기록하기

저는 자주 여행을 떠나지는 않지만, 여행할 때마다 꼭 지키는 습관이 하나 있어요. 바로 '여행 다이어리'를 작성하는 것입니다. 휴대하기 좋고 작은 다이어리 한 권에 하나의 여행지 추억을 담거나 여러 곳에서의 기억을 모아 기록합니다.

이렇게 여행을 기록하는 가장 큰 이유는 여행이라는 특별한 시간을 더 오래 간직하고 싶기 때문이에요. 또 여행지에서까지 스마트폰만 들여다보고 싶지 않아 스스로에게 하나의 '과제'를 만들어 준다는 생각도 있어요.

여행하기 좋은 계절인 10월, 여러분도 여행 기록을

남겨 보시는 건 어떨까요? 꼭 멀리, 며칠씩 떠나는 여행이 아니어도 괜찮습니다. 주말에 하루, 가 보고 싶었던 장소를 돌아다니며 모은 것들만으로도 충분히 의미 있는 기록을 만들 수 있어요. 이 기록을 핑계 삼아 가볍게 당일치기 여행을 계획해 보는 것도 좋겠죠?

여행 중에는 평소라면 그냥 지나쳤을 것들이 새로운 의미로 다가오곤 해요. 영수증, 가게 명함, 포장지, 입장권 같은 작은 것들을 모으는 재미도 쏠쏠합니다. 이렇게 모은 것들을 다이어리에 붙이고 꾸미다 보면 어느새 한 권의 두툼한 미니 여행 기록지가 완성됩니다. 그 속에는 단순한 일정 이상의, 그날의 공기와 감정, 순간들이 고스란히 담겨 있답니다.

그런데 사실 여행 가서 이것저것 다 펼쳐 두고 다이어리를 쓰는 일은 쉽지 않아요. 그래서 여행지에서 최소한의 시간을 들여 귀여운 결과물을 만들어 낼 수 있는 꿀팁을 몇 가지 공유하겠습니다.

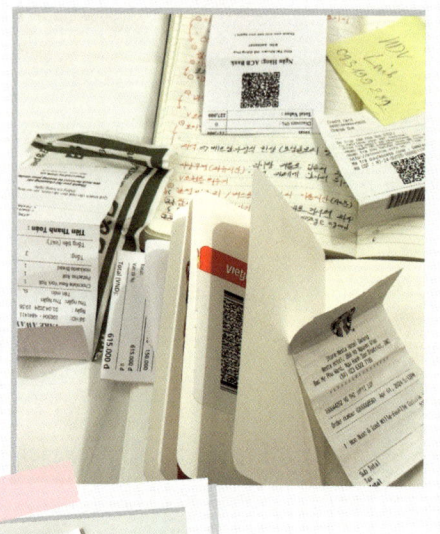

영수증을 활용한 여행 기록

시간 순서를 지키는 수집가

여행지에서는 평소에는 무심히 지나쳤을 종잇조각, 입장권, 스티커, 식당이나 카페의 명함, 포장지 등을 자연스럽게 모으게 됩니다. 이런 작은 것들이 다이어리를 꾸미는 데 훌륭한 재료가 되죠. 하지만 단순히 모으기만 하고 활용하지 않으면 결국 버리기 마련입니다. 재료를 모을 때는 클립이나 투명 파일 등을 이용해 시간 순서대로 정리해 보세요. 이렇게 모으고 정리해 두면 기록할 때 한결 수월하고, 여행의 흐름도 자연스럽게 되살릴 수 있어요.

하루 5분 정리하기

여행 중에는 모든 순간을 꼼꼼히 기록하기가 쉽지 않습니다. 그렇지만 자기 전 5분만 시간을 내어, 그날 모은 자료를 시간순으로 살펴보며 간단히 메모해 보세요. 예를 들어 '11시 퇴실+브런치로 ○○ 방문'처럼 키워드 중심으로 기록하면 됩니다. 이렇게 핵심만 적어 두면, 여행 중 여유가 생겼을 때나 여행이 끝난 후에 쉽게 세부 내용을 채워 넣을 수 있어요. 짧은 기록이지만, 나중에 돌아볼 때 큰 도움이 됩니다.

작고 간편한 다이어리

큰 다이어리는 공간이 넓은 만큼 오히려 부담스러울 수 있어요. 페이지를 가득 채워야 할 것 같은 압박감 때문에 시작이 망설여지기도 하죠. 반면 한 손에 쏙 들어오는 작은 다이어리는 훨씬 부담 없이 기록할 수 있어요. 짧은 글이나 작은 스티커만으로도 한 페이지를 충분히 채울 수 있어서 여행 기록용 다이어리로 작고 가벼운 노트를 자주 사용해요.

야자컴퍼니의 'A6 무지 노트'는 가격도 착하고 크기도 작아서 부담 없이 쓸 수 있어요. 종이가 두꺼워서 만년필까지 사용할 수 있고, 여행지에서 모은 포장지나 비닐 등을 붙여도 쉽게 찢어지지 않아 좋습니다. 가격도 저

렴한 덕분에 저는 여러 권을 쟁여 두고 사용하고 있어요.

또 기억에 남는 제품 중 하나는 미도리의 'MD 노트 A7 무지'입니다. 정말 작은 사이즈라 들고 다니기 좋고, 한 손에 들어오는 느낌도 좋아요. 이 노트를 처음 본 건 대전의 문구잡화점인 프렐류드 매장에서였는데, 다른 분이 이 노트로 여행 다이어리를 꾸민 것을 보고 바로 구매했어요. 페이지가 작으니 자연스럽게 글씨도 작아지고, 꾸밀 수 있는 면적도 작아지는데, 그래서인지 오히려 더 귀엽고 정성이 느껴지더라고요. 세계적으로 유명한 브랜드답게 종이 질도 매우 훌륭해서 필기감이 만족스러웠어요. 다만 사이즈가 아주 작다 보니 스크랩할 재료를 잘라서 붙여야 하는 번거로움은 있어요. 그래도 그 모든 수고가 '귀여움' 하나로 다 용서되는 노트랍니다.

모트모트의 '모먼트10' 노트도 빼놓을 수 없어요. 낭일치기 또는 1박 2일처럼 짧은 일정이나 가족과 함께하는 바쁜 여행에서는 긴 다이어리를 채우기 어렵지만, 이 노트는 그런 상황에도 활용하기 좋았어요. 총 열 장만 채우면 되기 때문이에요. 왼쪽 페이지에는 그림을 그리거나 스크랩을 하고, 오른쪽 페이지에는 짧은 글을 적을

야자컴퍼니의 A6 무지 노트

**미도리의
MD 노트 A7 무지**

모트모트의 모먼트10 노트

수 있어요. 짧은 여행 하나마다 한 권씩 남기고 싶은 분들에게도 좋은 선택이 될 거예요.

작은 다이어리는 부담 없이 시작할 수 있을 뿐 아니라, 완성했을 때의 성취감도 꽤 큽니다. 열심히 모은 재료들을 시간 순서대로 붙이고 짧게라도 기록을 남기다 보면 나만의 작은 추억책이 완성될 것입니다.

포토프린터 활용하기

글이나 영수증, 스티커만으로는 여행의 생생한 순간을 온전히 담기에 아쉬울 때가 있어요. 그럴 땐 사진 한 장이 큰 힘을 발휘합니다. 요즘은 소형 포토프린터 덕분에 스마트폰 속 사진을 바로 인쇄해 다이어리에 붙일 수 있어요. 한 장의 사진이 여행의 감동을 더 풍성하게 채워 주는 거죠.

저는 포토 먼슬리를 만들기 위해 샤오미 포토프린터를 구매했는데, 지금은 여행을 할 때도 꼭 챙기는 필수 아이템이 되었어요. 다른 포토프린터보다 가격이 저렴

하고, 인화 용지 자체가 스티커 형태라 따로 풀테이프를 사용할 필요가 없다는 점이 특히 편리하더라고요. 전용 앱과 연동도 잘되고 사용법도 간단해서 한 번 사 두면 활용도가 꽤 높습니다.

만약 감성을 우선순위에 두는 편이라면 인스탁스 미니처럼 즉석카메라도 좋은 선택이에요. 편집이나 보정 없이 즉시 인화된 사진은 때론 그날의 분위기를 있는 그대로 담아내기에 더없이 효과적이에요. 보정할 수 없다는 점이 단점일 수도 있지만, 오히려 그런 점이 아날로그적인 기록과 더 잘 어울리는 것 같아요.

사진은 여행의 순간을 시각적으로 되살려 주는 도구이자, 감정을 더 진하게 남기는 장치입니다. 여행 다이어리에 사진을 한두 장만 더해도 그 기록의 생동감은 전혀 다른 차원이 되죠. 포토프린터나 즉석카메라를 잘 활용해 보세요. 여행 기록이 한층 입체적으로 살아날 거예요.

취향을 찾아 파고들기

11월

어느덧 한 해가 끝나 가는 11월입니다. 이번 달에는 '내가 좋아했던 것'을 돌아보며, 좋아하는 것을 더 깊이 들여다보는 기록을 남겨 보면 어떨까요? 올해 기록했던 여러 주제 중 특히 마음에 들었던 것을 다시 이어 가도 좋고, 평소 즐겨 해 온 취미가 있다면 그 취미에 관한 내용을 정리해 보는 것도 좋은 방법이에요. 좋아하는 것을 기록하면 그 자체로 기분이 좋아지고 일상에 활력이 더해지니까요.

제가 하고 있는 기록 중 두 가지 예시를 소개해 드릴게요. 제가 평소 좋아해서 기록으로까지 이어진 분야는

'독서'와 '카페'입니다. 책을 읽으면서 인상 깊었던 문장을 옮겨 적고, 그에 대한 생각을 덧붙이는 필사 다이어리는 오랫동안 꾸준히 하고 있는 기록 중 하나예요. 단순히 책 내용을 옮겨 적는 것이 아니라 그 순간의 감정과 생각까지 함께 남기다 보니, 나중에 다시 펼쳐 보면 그 시기의 나를 마주하는 느낌이 들어요.

또 하나는 카페 다이어리입니다. 카페 창업을 준비하던 시기에 여러 공간을 직접 찾아가 경험하며 정리한 기록이에요. 단순한 방문 후기보다는 공간의 분위기, 메뉴 구성, 서비스 방식 등 눈에 들어왔던 점들을 관찰하며 남겨 두었죠. 지금도 여전히 좋아하는 카페를 다녀오면 짧게라도 기록을 남기고 있어요.

이처럼 좋아하는 것을 글로 남기면, 그 순간의 애정이 더 깊어지고 오래 남습니다. 11월에는 '내가 좋아하는 것'에 집중하며 한 해를 따뜻하게 마무리해 보세요. 작은 기록 속에서 나를 잘 아는 사람이 되어 가는 과정을 느낄 수 있을 거예요.

필사 노트

사실 저는 책을 잘 읽지 않는 사람이었어요. 1년에 한두 권 겨우 읽을까 말까 할 정도였죠. 그런데 기록을 시작하면서 책을 자주 읽게 되었습니다. 왜 그랬을까요? 기록을 정말 하고 싶었지만, 다이어리나 빈 노트를 마주하면 무엇을 써야 할지 몰랐기 때문이에요. 그러다 문득 책에는 좋은 문장이 많다는 사실을 떠올렸고, 그 문장을 옮겨 적는 것으로 기록을 시작해 보기로 했어요. 그 덕분에 자연스럽게 책도 더 자주 읽게 되었고, 완독한 책의 수도 점점 늘어났습니다.

처음에는 '필사 노트'라는 말이 멋있게 느껴져서 따로 구분해 쓰기 시작했어요. 좋은 문장을 손글씨로 옮기고 다시 읽으며 정리하는 과정이 좋기는 했지만, 어딘가 아쉽게 느껴지기도 했어요. 그 무렵에 BLOCK의 '문장 수집'이라는 독서 노트를 알게 되었고, 그때부터 지금까지 2년째 이 노트에 독서 기록을 남기고 있습니다. 노트 앞쪽에는 완독한 책의 목록을 정리할 수 있는 공간이 있고, 본문에는 인상 깊었던 문장을 필사하고, 그 문장에

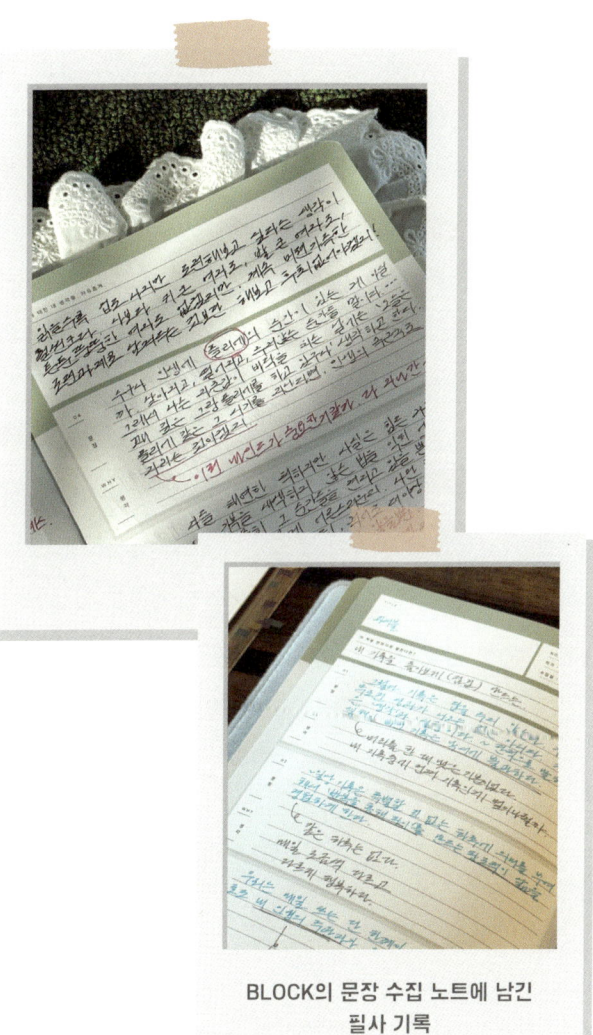

BLOCK의 문장 수집 노트에 남긴
필사 기록

대한 생각이나 책을 읽으며 느낀 점을 자유롭게 적을 수 있어요. 단순히 문장을 베껴 쓰고 끝나는 것이 아니라, 한 걸음 더 나아가 책에 대해 스스로 생각해 보고 짧게나마 후기를 남기는 방식이라 무척 마음에 들었습니다. 한 번은 가볍게 읽고, 다시 한 번은 곱씹으며 기록하는 이 과정을 통해, 책 속의 한 문장이라도 나만의 것으로 만들 수 있다는 확신이 들었어요. 그래서 지금도 저는 이 방법으로 꾸준히 독서 기록을 이어가고 있습니다.

여러분도 책을 좋아한다면, 자신만의 방식으로 독서 기록을 시작하길 권합니다. 좋은 문장을 필사하는 것에서 그치지 않고, 느낀 점이나 생각을 짧게라도 덧붙인다면 단순히 읽고 쓰는 독서보다 훨씬 더 깊이 있게 책을 받아들일 수 있어요. 그리고 그런 기록은 오래도록 마음에 남을 거예요.

좋아하는 카페 기록하기

기록하기에도 좋고, 독서하기에도 좋고, 그냥 커피

한 잔과 맛있는 디저트를 즐기기에도 좋은 곳. 저는 그런 공간인 카페를 무척 좋아하고 자주 찾습니다. 요즘엔 스타벅스에 가장 자주 가지만, 여전히 숨겨진 예쁜 카페나 새로 생긴 카페를 찾아가는 일은 제게 하나의 취미예요. 특히 카페 오픈을 준비하던 시기에는 더 적극적으로 다양한 카페를 찾아다녔죠.

그런데 어느 날 문득, 카페 사진만 남겨 두는 게 아쉽다는 생각이 들었어요. '사진만 찍고 끝나면 나중에 다시 꺼내 볼 일이 거의 없겠지' 하는 생각도요. 그래서 아예 카페 전용 다이어리를 따로 만들었습니다. 그곳에 카페 이름은 물론 주차 가능 여부, 위치, 메뉴 구성, 커피 맛과 분위기까지 하나하나 자세히 기록하기 시작했어요. 처음엔 단순한 시장 조사였을지도 모르지만, '카페 기록'이라는 이름을 붙이니 훨씬 더 즐겁게 다가왔습니다. 무엇보다 손으로 쓰는 기록이 저에게 가장 잘 맞는 방식이라는 걸 다시 한번 느낄 수 있었어요.

꼭 카페 창업을 준비하는 사람이 아니더라도, 작은 노트에 좋아하는 카페를 기록해 보는 건 어떨까요? 사진 한 장과 함께 그날의 느낌을 짧게 한 줄만 적어 두어

6공 다이어리에 남긴 카페 기록

도 충분해요. 그렇게 쌓인 기록은 언젠가 자신만의 '최애 카페북'이 되어 줄 거예요. 손글씨로 남긴 감상은 단순한 정보 그 이상으로, 나만의 취향과 기억을 담은 소중한 기록이 될 것입니다.

    여러분이 좋아하는 것은 무엇인가요? 저는 독서와 카페를 이야기했지만, 음악이나 드라마 또는 좋아하는 음식의 레시피, 부모님이나 친구들, 좋아하는 야구팀을 기록으로 남겨 볼 수도 있어요. 주제를 정할 때 제일 중요한 점은 여러분이 진짜 좋아하는 대상이어야 한다는 거예요. 지금 관심이 있어서 더 좋아하고 싶은 대상이어도 충분해요. 분명 기록이, 좋아하는 것을 더 좋아할 수 있게 만들어 줄 거예요.

한 해의
연말 결산

12월

 12월은 한 해를 마무리하고 새해를 준비하는 시기입니다. 여러분의 1년을 차분히 돌아보고, 다가오는 내년을 계획하는 일도 기록과 함께라면 훨씬 의미 있을 거예요. 이번 달에는 한 해를 정리하는 '연말정산 기록'과 새로운 시작을 위한 '계획 기록'을 함께 안내하려고 합니다. 매년 가을부터 슬슬 고민하게 되는 내년 다이어리 선택도 이 시기에 함께하면 좋겠죠.

 사실 저도 언제나 12월이 되면 지난 1년을 돌아보며 아쉬워하기 바빴고, 새해가 되면 이것저것 해 보겠다는 마음에 무작정 달려들었다가 금세 지치곤 했어요. 해마다 더 나은 마무리와 새로운 시작을 고민했지만, 그 방법을 쉽게 찾지 못했죠. 그러다 기록을 시작하면서 조금씩 답을 찾을 수 있었습니다. 글로 남기는 정리는 생각을 정리하는 일이기도 했고, 작은 계획이라도 눈앞에 보이게 만들면 실천하기가 훨씬 수월했어요. 이번 12월에는 여러분도 기록을 통해 지난 시간을 따뜻하게 마무리하고, 새로운 한 해를 단단히 준비해 보시길 바랍니다.

연말과 연초에 기록을 시작하거나 이어가기 전에, 가장 먼저 짚어 봐야 할 중요한 부분이 하나 있어요. 바로 목표입니다. 간단한 다이어리 기록에도 '습관을 만들고 싶다'라는 목표가 있었듯이, 인생에도 방향을 잡아 줄 목표가 필요하죠. 목표라는 단어 자체가 부담스럽게 느껴진다면 '이런 삶을 살고 싶어'라는 생각으로 가볍게 접근해 보세요. 인생의 큰 방향이 정해지면 해마다 그 목표를 향해 나아가기 위한 작고 구체적인 목표들이 자연스럽게 생겨나고, 그 목표를 기록하며 살아가는 시간이 훨씬 의미 있게 다가올 거예요.

버킷 리스트

지금 자신이 진짜 원하는 삶이 어떤 모습인지 아직 잘 모르겠다면 '버킷 리스트(bucket list)'를 작성해 보는 것도 좋은 방법입니다. 버킷 리스트는 죽기 전에 꼭 이루고 싶은 일이나 해 보고 싶은 경험들을 적은 목록이에요. 영어에서 'kick the bucket'은 은유적으로 '세상을 떠나다'라는 뜻으로 쓰입니다. 버킷 리스트는 여기서 유래한 단어예요.

아마 많은 분들이 한 번쯤은 버킷 리스트를 써 본 경험이 있을 거예요. 하지만 그 안에 담긴 내용이 정말 내가 원하는 것이었는지, 아니면 남들이 자주 쓰는 항목이라 따라 적은 것인지 되돌아볼 필요가 있어요. 버킷 리스트는 쉽게 적을 수 있지만, 정작 진심을 담아내기는 어렵기도 하니까요. 이번에 다시 버킷 리스트를 작성해 보고 싶다면 다음 두 가지를 꼭 기억해 주세요. 단순히 목록을 나열하는 것에 그치지 않고, 나만의 삶을 구체적으로 그려 볼 수 있을 거예요.

먼저 '좋아 보이는 것'보다 '내가 진짜 좋아하는 것'을 중심으로 적어 보세요. 많은 사람이 적는 항목이나 보기 좋게 보이는 계획보다는 내가 정말 해 보고 싶은 것, 나만의 열망이 담긴 일을 생각해 보는 거예요. 사실 이 단계부터 어려울 수 있어요. '내가 뭘 좋아하는지도 잘 모르고 살았구나' 하고 느끼게 될 수도 있죠. 하지만 깊이 고민한 끝에 채운 버킷 리스트는 그 자체로 나의 방향성을 보여주는 나침반이 되어 줍니다. 리스트를 다 채우면 마지막에는 한 줄로 '내가 살아가고 싶은 인생'을 정리해 보는 것도 추천합니다. 버킷 리스트는 단순한 계획이 아니라, 내가 진짜 원하는 인생을 그려 보는 과정이니까요.

두 번째는 목표를 되도록 구체적으로 적는 것입니다. 막연하게 '혼자 여행 가기' 같은 것보다는 '30살에 직장을 그만둔 뒤 세 달 동안 쉬는 기간에 유럽으로 혼자 여행 가기'처럼 숫자와 시기, 상황이 포함된 문장으로 바꿔 보세요. 아직은 멀게 느껴지는 꿈일수록 더욱 자세히 그려 보는 게 좋아요. 그런 구체적인 문장이 쌓이다 보면 어느 날 문득 내가 그 목표를 향해 조금씩 움직이고

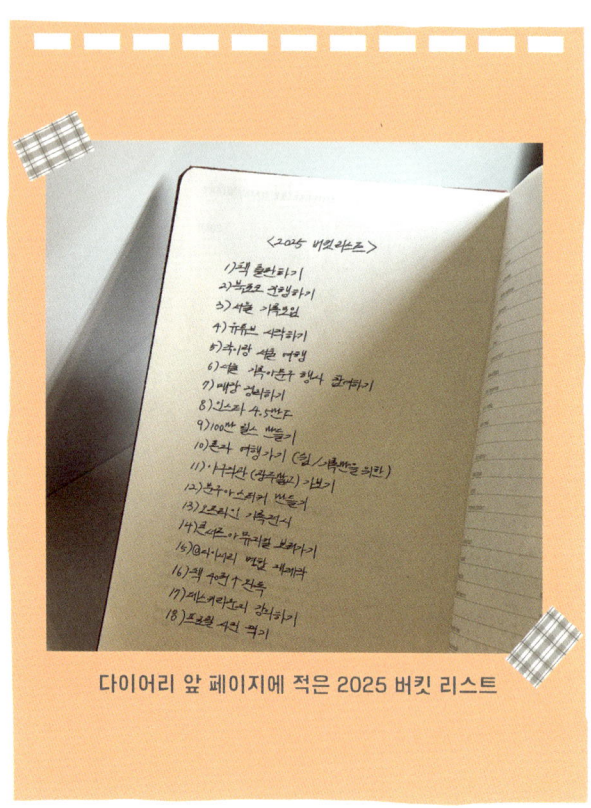

다이어리 앞 페이지에 적은 2025 버킷 리스트

있다는 걸 스스로도 느끼게 될 거예요.

연말과 연초는 지나간 시간을 정리하고, 다가올 시간을 설계하기에 가장 좋은 때입니다. 목표를 정하고, 진심을 담은 버킷 리스트를 통해 올해의 마지막 기록과 내년의 첫 기록을 더욱 단단하게 채워 보세요. 기록은 결국 나를 가장 솔직하게 마주하고, 내가 원하는 삶으로 다가가는 길이 되어 줄 거예요.

만다라트

인생의 목표가 뚜렷하고, 그 목표를 올해의 계획과 연결 지어 한 해를 더 의미 있고 체계적으로 보내고 싶다면 '만다라트(mandal-art)'를 활용해 보세요. 일본 프로야구 선수 오타니 쇼헤이가 작성했다고 알려지면서 많은 사람들이 이 도구를 자기계발이나 목표 설정에 활용하고 있습니다.

전통적인 만다라트 양식을 처음 접하면 막막하게 느

껴질 수 있어요. 만다라트를 작성할 때는 하나의 중심 목표를 정한 뒤, 그 목표를 달성하기 위한 하위 목표를 여덟 개 적고, 다시 각 하위 목표마다 실행할 수 있는 세부 항목을 여덟 개씩 더 적습니다. 총 64칸을 채워야 하다 보니 시작하기 어렵고, 채우는 과정에서도 내용이 겹치거나 억지로 적게 되는 경우가 많습니다. 실제로 저도 처음엔 표를 그대로 따라 작성했지만, 완성하고 나니 중복되는 항목이 많고 생각보다 활용도도 떨어졌어요.

저는 기존의 형식을 간소화한 '미니 만다라트'를 만들어 보기로 했습니다. 기본적인 작성 방식은 동일하지만, 적어야 할 목표 수를 네 개로 줄였고, 격자 칸 대신 여유 있게 문장으로 적을 수 있도록 줄로 구성했어요. 틀에 얽매이지 않고 내 생각을 보다 편하게 정리할 수 있어서 시작도 훨씬 수월하고 채워 가는 재미도 있더라고요. 저도 이 미니 만다라트를 작성하면서 올해의 첫 계획을 시작했습니다. 핵심 목표를 중심으로 실천 가능한 작은 목표들을 하나씩 적다 보면, 단순히 계획만 세우는 것이 아니라 그해를 어떤 방향으로 살아가고 싶은지에 대한 이미지가 또렷해져요.

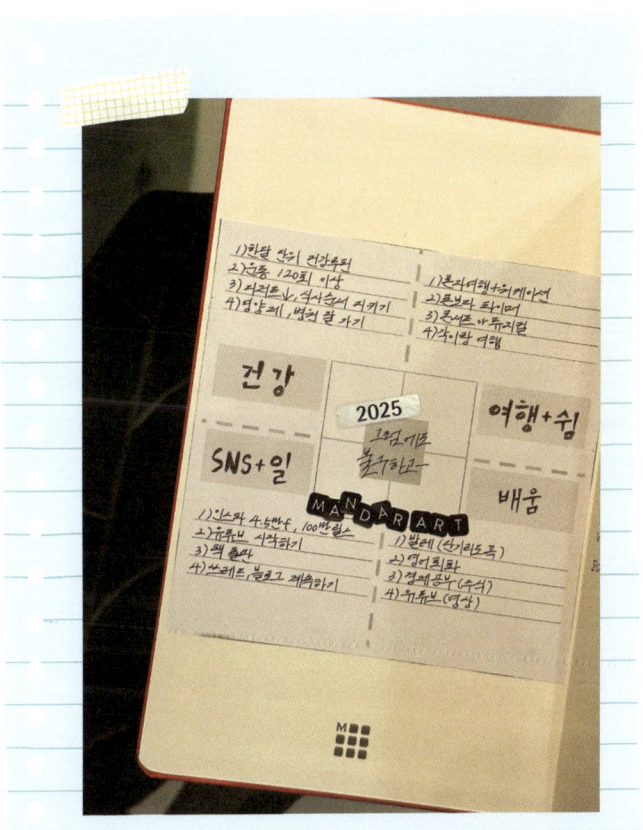

미니 만다라트에 적은 올해의 목표

버킷 리스트가 인생을 그린다면 만다라트는 1년을 그린다고 생각하면 됩니다. 버킷 리스트는 매년 혹은 달성한 목표나 추가할 목표가 있을 때 업데이트하는 방식으로 기록해 보세요. 만다라트는 이 업데이트된 버킷 리스트를 보며 매년 12월 혹은 1월에 새로운 한 해를 계획하며 그해 목표와 함께 작성하는 걸 추천합니다. 그리고 그해에 제일 자주 들고 다닐 다이어리 첫 페이지나 책상 앞에 부착해 두고 자주 보면 더 좋겠죠?

연말정산

올해 실행한 내용을 돌아보는 일 역시 매우 중요하죠. 올해 작성했던 버킷 리스트나 만다라트에서 실천한 항목에 체크만 해도 간단하면서 효과적인 연말정산이 될 수 있어요. 거기서 한 걸음 더 나아가 나만의 '연말정산 기록지'를 만들어 보면 어떨까요? 제가 실제로 연말에 만든 연말정산 템플릿은 친구나 가족과 모이는 자리에서 함께 작성하며 이야기 나누기에도 좋았어요. 하나의 기록이 작지만 의미 있는 이벤트가 될 수 있답니다.

기록 항목은 자유롭게 구성할 수 있어요. 저는 개인적으로 '잘산템(올해 가장 만족스러웠던 소비)'을 기록했지만, '가성비템'이나 '가장 비싼 소비' 등으로 항목을 바꾸어 돌아볼 수도 있겠죠. 이 밖에도 '올해의 3대 뉴스', '올해의 장소', '올해의 사람'처럼 기억에 남는 경험들을 정리해 보는 것도 좋습니다. 또한 '버리고 싶은 기억', '반복하지 말아야 할 습관이나 태도' 등을 적을 수도 있어요.

이렇게 한 해를 계획하고 연말에 돌아보는 루틴을 꾸준히 실천하면 해가 바뀔 때마다 나만의 성장 기록을 확인할 수 있고, 해마다 더 단단해지는 자신을 마주하게 될 거예요. 그리고 무엇보다 자기반성의 시간이 됩니다. 지난 한 해 동안 어떤 성과를 냈고 어떤 부분에서 성장했는지 돌아보면서 더 나은 방향으로 나아갈 수 있는 발판을 마련할 수 있어요.

또한 목표 설정에도 큰 도움이 됩니다. 새해를 맞이하여 구체적인 목표를 정리하면 이를 달성하기 위한 실

직접 만든 연말정산 템플릿들

천 계획을 세우기가 훨씬 수월해지죠. 구체적인 목표는 동기를 부여하고, 기록을 통해 시각화했을 때 그 힘이 더욱 커져요.

연말정산 루틴은 긍정적인 습관 형성에도 효과적입니다. 정기적으로 회고하고 계획하는 습관은 자기 관리 능력을 높이고 더 나은 삶의 질을 유지하는 데 도움을 주죠. 저는 이런 과정을 통해 스스로 더 단단해지고 있다는 걸 느끼고, 자존감도 함께 올라가는 경험을 했어요.

무엇보다 좋은 것은 연말을 돌아보는 것 자체가 행복을 느끼는 경험이라는 점이에요. 한 해 동안 있었던 좋은 일, 고마운 사람들을 떠올리며 기록하다 보면 내가 얼마나 많은 소중한 순간들을 지나왔는지를 다시금 깨닫게 되죠. 이 과정이 새로운 한 해를 긍정적인 마음으로 시작하는 데 큰 힘이 될 수 있어요.

물론 매일매일 성실하게 기록하는 것도 중요하지만, 때때로 스스로에게 이 기록을 통해 나는 무엇을 얻고 싶은지, 이 기록이 나를 어디로 이끌어 줄지 등의 질문을 던져 보는 것도 필요합니다. 이 질문들에 대한 답을 찾는 과정이 곧 버킷 리스트, 만다라트, 그리고 연말정산 기록으로 이어집니다. 돌아보고, 계획하고, 미래를 그리는 이 모든 과정을 통해 조금씩 목표에 가까워질 수 있어요. 기록은 단순한 메모가 아니라 삶을 더 나은 방향으로 이끄는 가장 확실한 도구니까요.

다음 해를 위한
다이어리 고르기

매년 새 다이어리를 고르는 일은 제게 연말의 작은 행사와도 같습니다. 설레는 동시에 은근히 걱정도 되고, 고민도 많아지죠. 저에게 딱 맞는 다이어리를 찾는 것도 쉽지 않은 일이고, 어렵게 골랐다고 해도 1년 내내 꾸준히 사용하는 건 또 다른 도전이니까요.

여러분의 다이어리는 어떤 역사를 가지고 있나요? 저는 처음엔 귀엽고 예쁜 표지와 그림에 끌려 다이어리를 고르곤 했어요. 분명 고를 때는 마음에 들었는데, 몇 주만 지나면 그림과 속지 구성이 지루하게 느껴지더라고요. 그러면서 점점 더 심플한 디자인을 찾게 되었고, 지금은 몰스킨의 '데일리 다이어리'를 사용하고 있어요. 이 다이어리는 10년이 지나도 계속 쓰고 싶을 만큼 저와 잘 맞는 도구가 되었습니다.

앞서 이야기했듯이, 저 역시 여러 권의 다이어리를 써 보고 실패를 거듭한 끝에 지금의 기록 스타일을 찾을 수 있었습니다. 여러분도 마찬가지일 거예요. 실패한 다이어리가 더 많을 수 있지만, 그렇다고 해서 자신에게 꼭 맞는 다이어리를 찾는 과정을 포기하지 않았으면 합니다. 저는 그 시행착오의 과정마저도 '기록을 사랑하는 일'이라고 생각하니까요. 물론 실패도 경험의 일부지만, 그 횟수를 줄일 수 있다면 더 좋겠죠. 그래서 다이어리를 고를 때 실패 확률을 낮출 수 있는 몇 가지 팁을 소개하겠습니다.

무엇보다 먼저 해야 할 일은 '나를 아는 것'이에요. 다이어리를 선택하기 전에 나의 기록 성향을 돌아보세요. 매일 쓰고 싶은지, 일기처럼 감정을 남기고 싶은지, 아니면 할 일을 정리하는 용도인지 목적을 분명히 해야 해요. 또 글을 많이 쓰는 편인지, 꾸미는 걸 좋아하는지에 따라서도 다이어리의 레이아웃은 크게 달라집니다.

평소 자주 남기는 기록의 카테고리도 중요한 기준이에요. 할 일 정리가 중심이라면 투두리스트(to-do list)나 줄 노트가 잘 어울릴 수 있어요. 반면 감정을 돌아보는 것이 중요하다면 일기 형식의 구성이 더 적합하겠죠. 건강, 운동, 식단 등의 관리가 주된 목적이라면 트래커나 메모 공간이 넉넉한 속지를 선택하는 것도 좋습니다.

그다음은 다이어리의 구성과 루틴이 맞아야 해요. 감정이나 생각을 날마다 정리하고 싶다면 하루 한 페이지 형식이 어울릴 수 있어요. 매일 쓰는 것이 부담스럽다면 작은 사이즈의 하루 한 페이지 다이어리를 선택해 가볍게 시작해 보는 것도 좋은 방법입니다. 매일은 어렵지만 일주일 혹은 한 달 단위로 돌아보는 기록에 도전하고 싶다면 주간형 위클리나 월간형 먼슬리 다이어리를 추천합니다. 한눈에 일정을 조망하고 흐름을 파악하기에 유용하거든요.

다이어리의 크기 역시 중요합니다. 항상 들고 다닐 계획이라면 A6~B6 정도의 작은 사이즈가 적당해요. 가

방에 쏙 들어가고 가볍기 때문에 휴대성이 뛰어나죠. 반대로 집이나 사무실에서만 사용할 예정이라면 A5나 A4 크기의 넉넉한 다이어리도 좋습니다. 페이지가 넓을수록 자유롭게 기록할 여유가 생기니까요.

또한 기록할 때 사용하는 펜과의 궁합도 중요합니다. 페이지의 질감, 종이의 펼침성, 만년필이나 형광펜 사용 여부에 따라 적절한 제품을 고르는 것이 좋아요. 예를 들어 제가 자주 사용하는 몰스킨 데일리 다이어리는 만년필과는 잘 맞지 않지만, 0.7밀리미터 볼펜을 사용하면 무리 없이 쓸 수 있어요. 반대로 다이어리에 맞춰 펜을 바꾸는 것도 좋은 방법이 될 수 있습니다. 자신에게 잘 맞는 필기구와 종이를 찾아 가는 과정도 꽤 즐거운 경험이에요.

마지막으로, 다이어리는 가능한 한 직접 사용해 보고 결정하는 것이 가장 확실합니다. 상세 페이지와 다른 사람들의 사용 후기를 꼼꼼히 읽어도 실물의 느낌은 다르거든요. 오프라인 매장이 있다면 꼭 방문해 직접 만져 보고 크기와 종이 질감을 확인해 보세요. 자신에게 꼭 맞는 다이어리를 찾기 위한 여정을 두려워하지 마세요. 그 과정에서 얻는 경험은 모두 기록을 더 잘 이해하는 밑거름이 될 테니까요. 다이어리를 고르는 일 그 자체가 곧 '기록을 시작하는 첫걸음'입니다.

1년간의
기록 샘플러를 마치며

지금까지 계절을 따라 흐르는 열두 개의 달, 그 안에 담긴 열두 가지 기록 주제를 함께 걸어왔습니다. 어떤 달에는 열심히 썼고, 어떤 달에는 한 줄도 남기지 못했을 수도 있어요. 하지만 괜찮습니다. 기록은 결코 완벽을 요구하지 않으니까요. 오히려 부족하고 삐뚤빼뚤한 그 모습 속에 진짜 나다운 기록이 숨어 있을지도 모릅니다. 그리고 어떤 방식이든, 어떻게 남겼든, 결국엔 그 모든 페이지가 모여 여러분의 사계절을 이야기해 줄 거예요.

우리는 매달 새로운 계절을 맞이하고 익숙한 것들과 작별하며, 그렇게 조금씩 변해 갑니다. 기록은 그런 변화를 더 깊이 느끼게 해 주고, 때로는 변화 속에서도 나를 잃지 않도록 도와줍니다. 지나간 계절을 떠올리며 웃을 수도 있고, 지금의 나를 위로하며 잠시 멈출 수도 있죠. 그리고 아직 오지 않은 시간을 향해, 조금 더 따뜻한 마음으로 걸어갈 용기를 주기도 합니다.

저는 제 삶에 언제나 기록이 함께하면 좋겠다고 생각합니다. 그래서 꾸준히 기록하려고 노력해 왔고 몇 번이고 새롭게 도전했죠. 여러분도 기록과 함께하는 시간이 더 많아지면 좋겠어요. 지치지 않고 기록의 재미를 이어 갈 수 있도록 12월 기록 샘플러를 적극적으로 활용하고 즐겨 주세요.

이 책을 덮고 나서 여러분의 기록이 잠시 멈출지도 몰라요. 그래도 괜찮습니다. 기록은 언제나처럼 다시 여러분을 찾아올 거예요. 어떤 형태로든요. 손끝에 닿는 일기장일 수도 있고, 스마트폰 속 메모일 수도 있으며, SNS에 올리는 짧은 글일 수도 있습니다. 우리는 생각보다 훨씬 자주, 다양한 방식으로 기록을 남기고 있다는 사실을 기억해 주세요. 그리고 앞으로도 여러분이 계속 기록을 이어 가고, 그 기록들이 여러분을 지켜 주기를 바랍니다. 무엇보다, 여러분 스스로가 남긴 기록을 더 많이 아끼고 사랑할 수 있기를 바랍니다. 지금 이 순간 역시 충분히 기록할 가치가 있는 시간이니까요. 여러분만의 다음 한 달도, 다음 계절도, 그리고 그다음 페이지들도 기대할게요.

좋아하는 카페에서 기록을 준비하며

Chapter 3

밀려도 괜찮아요.

중간에 멈춰도 괜찮습니다.

다시 이어서 시작해 보세요.

혼자서는 힘들다면 다른 사람들과 같이 해봅니다.

그럼 더 멀리까지 갈 수 있어요.

영원한 건
없어도
오래갈 수는
있어요

나의 목표는
오래오래

 이 세상에 영원한 것은 절대 없다고 하죠. 하지만 저는 오래갈 수는 있다고 생각합니다. 사실 저는 이 말을 하고 싶어서 지금까지 이야기를 풀어 왔는지도 모르겠어요. 앞으로도 기록을 저의 평생 친구라고 생각하며 쭉 함께하고 싶어요. 어릴 적 일기장을 펼쳐 놓고 몇 줄을 적어 내려가던 때부터 SNS에서 사진과 글로 일상을 공유하는 지금까지, 기록은 제 삶의 자연스런 일부였습니다.

 어느 순간부터 저는 기록을 '지속하는 일' 자체가 의미 있는 도전이라고 생각했어요. 기록을 지속하는 것은 절대 쉬운 일이 아니기 때문이죠. 처음에는 의욕적으로 시작했지만, 시간이 지나며 '이게 정말 의미가 있을까?', '굳이 이렇게까지 해야 할까?' 하는 생각이 들 때도 많았습니다. 그럼에도 불구하고 기록을 멈추지 않은 이유는 분명해요. 저에게는 자신을 발견하는 과정이며, 어제보다 나은 나를 만들 수 있는 확실한 방법이기 때문이에요.

기록을 지속하는 과정에서 깨달은 것은, 오래도록 이어 가려면 완벽함을 추구하기보다 때로는 뻔뻔할 필요가 있다는 것입니다. 속도를 조절하며 나만의 리듬을 찾아 가는 것이 중요해요. 완벽하지 않아도, 빠르지 않아도 괜찮아요. 중요한 것은 멈추지 않는 것입니다.

제가 처음으로 만든 기록 계정은 그저 소소한 일상을 **기록하는** 공간이었어요. 하지만 차츰 기록을 공유하며 비슷한 관심사를 가진 사람들과 연결되었고, 예상하지 못했던 기회들이 찾아오기도 했습니다. 이번 장에서는 제가 기록을 통해 만난 사람들, 그리고 꾸준히 기록을 이어가기 위해 깨달은 방법들에 대해 이야기 나누려 합니다.

나의 부캐, 다이너리

저는 어린 시절부터 다이어리를 꾸미는 데 로망이 있었지만 번번이 실패했고 꾸미는 솜씨도 좋지 않았어요. 그래서 인스타그램의 다양한 다이어리 꾸미기 계정을 보며 대리 만족을 하곤 했습니다. 계정을 운영해 보고 싶다는 생각만 하다가, 처음으로 목표였던 '다이어리 한 권을 1년 동안 완성하기'의 성공을 앞두고 마침내 용기 내어 계정을 만들었어요.

그때까지 제 주변에는 다이어리를 쓰는 친구가 한 명도 없었지만, 인스타그램의 해시태그를 통해 수많은 기록인들을 만날 수 있었습니다. 다양한 사람들의 계정을 구경하는 것만으로도 많은 것을 배우고 알아 가는 기분이었어요. 재미있어 보이는 기록 방식이나 도전해 보고 싶은 페이지를 발견할 때면 저장 버튼을 누르느라 바빴죠. 즐기는 마음으로 꾸준히 기록했고, 댓글로 소통하는 팔로워가 하나둘 늘어날 때마다 마치 다이어리를 함께 꾸미는 친구가 생긴 것처럼 설레고 신났어요.

저는 이 계정을 운영하는 일이 곧 '기록을 또다시 기

록하는 일'이라고 생각해요. 종이에 손글씨로 적은 내용을 사진으로 남기고, 그것을 인스타그램이라는 SNS에 한 번 더 기록하기 때문이죠. 이 계정을 꾸준히 운영한 덕분에 기록을 지속할 수 있었고, 기록을 멈추지 않았기에 업로드도 꾸준히 이어 갈 수 있었어요.

저는 기록 계정을 운영하면서 어떤 콘텐츠가 유행하는지, 어떤 포맷이 반응이 좋은지 누구보다 빠르게 파악하고 적용하려고 했습니다. 하지만 그때마다 유행 콘텐츠가 제가 다루는 '기록'이라는 주제와 맞는지를 먼저 고민했어요.

누구에게든 당당히 말할 수 있는 것은, 정말 꾸준히 기록했고, 업로드를 멈춘 적도 없다는 거예요. 특별한 기술이 있었던 것도, 한 번의 인기 릴스가 저를 여기까지 이끌어 준 것도 아니에요. 다만 기록을 멈추지 않았고, 그 기록을 계속해서 나누었기 때문에 지금의 제가 있을 수 있었다고 생각해요. 저는 이 과정에 큰 자부심을 가지고 있어요. 결과보다 과정을 더 중요하게 여겼고, 그 과정을 하나하나 기록하면서 이 길을 걸어왔거든요.

그래서 저는 지금도 어떤 콘텐츠를 만들지 고민하거

나, 어떤 이야기를 전하고 싶은지 생각할 때 그 중심에는 언제나 '기록'이 있어요. 저는 지금까지 꾸준히 해 왔고, 앞으로도 멈추지 않을 거예요.

관심사가 같은 친구들

가까운 친구 사이여도 취미까지 같기는 정말 힘들죠. 하지만 기록 계정을 운영하면 어떤 주제로 기록하든, 같은 관심을 가진 사람들이 자연스럽게 모이게 됩니다. 게시물을 통해 서로 공감하고 영감을 주고받으며 더 즐겁게 기록을 이어 갈 수 있어요.

또 기록 외에도 비슷한 관심사를 통해 연결될 수 있습니다. 여행 기록을 남긴다면 여행을 좋아하는 사람과, 독서 기록을 공유한다면 책을 좋아하는 사람과 더 연결될 수 있어요. 덕분에 저는 많은 기록 친구, 문구 덕후, 독서와 다꾸를 좋아하는 분들을 만났답니다.

힘을 주는 사람들

저의 팔로워 분들 이야기를 안 할 수가 없을 것 같아요. 처음에 기록 계정을 운영할 때는 저와 취향이 비슷한 친구들과 교류하는 것으로 시작했지만, 시간이 지나면서 저의 기록을 꾸준히 지켜봐 주는 팬 분들이 생겼어요. 저의 글과 사진, 영상이 누군가에게 위로와 영감 그리고 힘을 줄 수도 있다는 게 놀라웠습니다. 덕분에 힘을 얻었다거나, 동기부여를 받아 다시 다이어리를 쓰기 시작했다는 등 저의 기록으로 인해 변화하는 사람이 생겼다는 사실이 너무 기뻤어요. 이런 팔로워 분들의 긍정적인 반응은 제가 기록을 지속할 수 있는 강한 동력이 되었어요.

나를 찾아온 새로운 기회

SNS에 기록이 쌓이다 보니 예상치 못한 기회가 찾아오기도 합니다. 예를 들어 기록을 기반으로 한 브랜드와

협업을 하거나, 책을 출판하거나, 강의를 하는 등 새로운 제안을 받는 것이죠. 나의 경험과 이야기를 꾸준히 남기다 보면 그 기록을 보고 관심을 가지는 사람들이 나타납니다. 협찬, 광고, 클래스 운영, 모임, 그리고 책 출판까지, 모두 기록 계정을 운영한 덕분에 찾아온 기회들이에요. 이제는 '다이너리'라는 이름 뒤에 '기록 크리에이터'라는 명칭을 당당하게 붙일 수 있게 되었죠. 만약 나만의 브랜드를 만들고 싶다면 SNS 기록은 필수입니다.

꾸준함에는 장사 없다

팔로워 0명부터 시작해 지금의 약 4만 명에 이르기까지, 저는 2년이 넘는 시간 동안 꾸준히 기록 계정을 업로드하며 달려왔어요. 특별히 잘하는 것이 있는 것도 아니고, 조회 수 100만을 넘은 릴스를 만든 적도 없어요. 그런데도 이렇게 많은 분이 저를 팔로해 주신 이유는 아마도 '꾸준함' 덕분이 아닐까 싶습니다. 계정을 운영하면서 주변 사람들에게 "정말 독하다"라는 말을 들을 정도

2023년 2월부터 2025년 4월까지

로 쉬지 않고 업로드해 왔습니다. 기록 계정을 운영하는 동안 며칠 이상 쉬어 본 적 없이 콘텐츠를 올렸다고 자신 있게 말할 수 있어요. 꾸준히 하지 않으면 점점 미루게 되고, 귀찮아질 거라 여겼어요. 그래서 기록하는 습관이 몸에 배도록 루틴처럼 만들고 싶었습니다. 반응이 좋은 게시물은 그 요소를 반복해 활용하고, 반응이 부족한 게시물은 왜 매력적이지 않았는지를 분석하며 배웠어요.

남들처럼 한 달 만에 팔로워가 몇만 명씩 늘지는 않았지만, 게시물 하나하나를 통해 스스로 배우고 쌓은 결과물이기 때문에 소중합니다. 이 경험을 통해 '꾸준함이 결국 이긴다'라는 생각을 확신으로 바꿀 수 있었어요. 꾸준히 하면 안 되는 일은 없다고 믿어요.

기록 모임이라는
새로운 도전

 나 혼자 좋아하는 것보다, 좋아하는 것을 함께 좋아해 주고 기뻐해 줄 친구들이 있다면 얼마나 좋을까요? 그런 마음이 쌓여 저는 결국 '기록 모임'을 기획했습니다. 이전에 비슷한 모임을 해 본 적도 없고 방법을 잘 아는 것도 아니었어요. 그저 알 수 없는 자신감과 설렘 하나로 시작했죠. 누군가는 "굳이 그렇게까지 할 필요가 있어?"라고 말할 수도 있지만, 저는 굳이, 그렇게까지 하고 싶었어요. 같은 관심사를 가진 사람들이 한자리에 모여 이야기 나누고 기록을 나누는 순간들이 생각 이상으로 깊은 울림을 주었거든요. 몇 번이고 그런 자리를 만들고 싶은 이유도 그 때문입니다.

여수에 거주하고 있는 저는 처음부터 겁 없이 여수를 여행하며 기록하는 모임을 콘셉트로 잡아 '여기모행'이라는 모임을 시작했어요. 1박 2일 코스로 사람들을 불러 모았습니다. 모든 게 처음이라 준비 과정부터 진행까지 매 순간 긴장했어요. 처음에는 오히려 제가 도움을 받았던 것 같습니다. 지금 생각해 보면 제 부족한 능력에도 불구하고 다들 경청해 주시고 진지하게 기록하며 대화를 나누시던 모습이 떠오르네요. 약속이라도 한 것처럼 다들 귀여운 문구와 스티커를 잔뜩 챙겨 오고, 다 써도 된다고 아낌없이 나누었죠. 여기모행이라는 모임 이름도 참여했던 분이 직접 만들어 준 이름이랍니다.

그때 저는 비슷한 취향을 가진 사람들이 모이면 자연스럽게 생기는 에너지, 그 시너지를 처음으로 직접 경험할 수 있었어요. 처음 만나는 사이였지만 모두 둘러앉아 기록하고, 이야기를 나누고, 함께 식사하며, 심지어는 한 공간에서 하룻밤을 보내는 일이 전혀 어색하지 않았

여기모행 멤버들과 채운
자체 제작 기록지

습니다. 단지 기록이라는 공통 관심사 하나로 모였을 뿐인데 말이죠. 다시 생각해도 그 연결이 참 신기합니다.

저는 이 모임이 단순히 각자의 기록을 이어서 하는 자리가 아니라, 기록의 의미와 방향에 대해 함께 고민해 보는 시간이 되기를 바랐어요. 그래서 첫 번째 모임에서는 '행복'을 주제로 잡아 행복이 무엇인지 각자의 시선으로 정의해 보고, 행복을 위해 어떤 기록을 남길 수 있을지 함께 이야기 나눴습니다. 두 번째 모임에서는 아예 '기록' 그 자체를 주제로 삼아 각자가 생각하는 기록의 정의와 방식에 대해 이야기했어요. 제가 미리 준비했던 이야기보다 훨씬 더 풍부한 생각들을 들을 수 있었고, 그 덕분에 저 역시 큰 자극을 받았습니다.

모임에서는 돌아가며 자신의 생각과 기록을 발표하는 시간도 마련했어요. 물론 처음엔 어색했지만, 막상 시작하니 모두 기대 이상으로 즐거워했습니다. 아마도 같은 주제, 같은 관심사를 바탕으로 각자 다른 생각과 표현이 담긴 기록을 구경하는 즐거움 때문이 아니었을까요. 진행자로서 보람과 뿌듯함을 깊이 느꼈어요.

좋아하는 것을
더 좋아하자

여기모행을 성공적으로 마친 저는 2025년 2월, 마침내 저의 비전보드에 오래도록 그려 두었던 '서울 기록 모임'을 용기 내어 준비했습니다. 총 20명의 참여자와 함께하는 모임으로 기획했고, 사진과 글 편집, 공고, 참가자 모집과 선정, 기록지 제작, 대본 준비와 리허설까지 모든 과정을 하나하나 챙겼습니다. 서울로 갈 때는 참가자 분들께 증정할 다이어리, 맛있는 걸 먹으며 기록하면 좋겠다는 생각으로 준비한 간식 등 20명 분량의 준비물을 들고 올라갔어요. 지금 생각해도 어떻게 다 해냈는지 신기할 정도입니다.

서울 모임은 체력적으로 쉽지 않았어요. 이른 아침 기차를 타야 한다는 부담감에 전날 거의 잠을 이루지 못했고, 서울에 도착한 뒤에도 긴장이 계속됐습니다. 낯선 잠자리 때문에 숙면을 취하지 못했고, 준비에 몰두하다 보니 식사도 제때 챙기지 못했어요. 비록 몸은 지쳤지만, 마음에는 좋은 기억만 남았습니다. 당연히 또 하고 싶다는 생각이 들었고, 더 나아가 전국을 돌며 기록 모임을 열고 싶다는 바람까지 생겼습니다.

　서울에서는 1박 2일 동안 총 세 차례 모임을 운영했어요. 첫날은 오후와 저녁, 둘째 날은 오전으로 나누어 진행했습니다. 평일이기도 했고, 직장인 참가자도 많을 것 같아 첫날 저녁 타임에 가장 많은 인원을 배정했죠. 예상보다 빠르게 신청서가 접수되기 시작했고, 한 장 한 장 들어올 때마다 설렘과 기쁨이 밀려왔습니다. 동시에 한편으로는 '이 많은 분들 앞에서 내가 할 수 있을까?', '기록에 대해 정말 잘 전달할 수 있을까?' 하는 불안감도 들었어요. 그럴 때마다 여기모행에서의 좋은 기억을 떠올렸고, 내가 가진 정보나 경험 중 단 하나라도 도움이 되는 이야기를 나누자는 마음으로 끝까지 준비에 집중했습니다.

　모임의 주제는 '좋아하는 것을 더 좋아하자'였어요. 제가 평소 기록에 대해 생각해 온 내용을 강의 형식으로 나누었습니다. 한 해의 시작인 2월이었기에 삶의 전반적인 목표와 그에 따른 올해의 작은 목표를 기록해 보는

서울에서 진행했던 기록 모임

시간도 마련했어요. 꿈과 목표가 각자 다르기에 발표가 정말 다채롭고 흥미로웠습니다.

빠질 수 없는 다꾸 시간에는 '행복 일기'의 첫 페이지를 함께 쓰며 사소한 행복에 집중해 보는 경험도 했고요. 기록하는 사람들에게 빠질 수 없는 문구 이야기를 나누고 싶어서 '문구 자랑 대회'도 열었습니다. 생각보다 훨씬 반응이 뜨거웠고, 각자의 문구 스토리도 다양해서 정말 재미있었어요. 상대적으로 조용히 있던 분들도 좋아하는 문구에 대해 이야기할 때는 눈빛을 반짝이는 모습이 참 인상 깊었습니다.

서울 기록 모임을 통해 저는 앞으로 꾸준히 이어 가야 할 일이 하나 더 생겼다는 것을 알게 됐어요. 단순히 행사를 진행하는 것을 넘어, 서로의 이야기를 나누고 마음을 보태는 이런 시간이 저에게도, 그리고 함께한 분들에게도 꼭 필요했음을 다시 느꼈습니다.

기록한다는 이유만으로

준비에 품이 많이 들지만, 기록 모임을 계속하게 되는 데는 분명한 이유들이 있습니다. 가장 먼저 떠오르는 건, 평소라면 만날 기회가 없었을 다양한 사람들과의 만남입니다.

운동을 했던 저는 체육학과를 졸업한 뒤 현재는 자영업을 하고 있어요. 그래서 제 주변 인간관계는 자연스레 운동을 매개로 형성된 경우가 많았고, 지인들의 직업도 제한적일 수밖에 없었죠. 그런데 기록 모임을 열면서 정말 다채로운 삶을 살아가는 분들을 만날 수 있었어요. 기록이라는 공통 관심사 하나로 모였을 뿐인데, 직업도 환경도 전혀 다른 분들을 만나는 것이 새롭고 즐거웠죠. 무엇보다도 반가운 것은 모임에 참여한 분들끼리 점점 가까워지고, 이후에 따로 만나서 취미를 함께하는 모습을 볼 때예요. 기록이라는 공통점을 바탕으로 관계가 확장되는 걸 보면 저까지 뿌듯하고 기쁩니다.

모임에 처음 오는 분들은 대부분 서로 모르는 사이여서 처음에는 당연히 어색함이 흐르지만, 같은 것을 좋아한다는 사실의 힘이 어색함을 금방 녹여 줍니다. 저처럼 외향적인 사람이 분위기를 풀어 주기도 하지만, 무엇보다도 기록이라는 공감대 하나만으로 사람들 사이의 거리감이 빠르게 좁혀져요. 특히 주변에 다이어리 꾸미기나 기록을 함께 즐기는 친구가 없다는 이유로 이 모임에서 만난 인연을 더 소중하게 여기는 분들이 많습니다. 저 역시 마찬가지예요. 같은 취미를 공유하는 사람들이 늘어나는 것만으로도 정말 든든하고, 그래서 더 많이 나누고 싶다는 마음이 자연스럽게 커집니다.

    모임이 지닌 또 하나의 큰 장점은 '정보 공유의 장'이 된다는 점이에요. 많은 분들이 기록을 더 잘하고 싶어서, 다른 사람들의 방식을 배우고 싶어서 모임에 옵니다. 그러다 보니 자연스럽게 다양한 기록 아이템이나 팁, 그리고 일상에서 얻은 유용한 정보까지 나누게 돼요. 스티커나 마스킹 테이프 같은 다이어리 꾸미기 재료는 물론이고, 직접 사용해 보기 전까지는 알기 어려운 문구류나 필기도구들도 서로 바꿔 써 볼 수 있어요. 모임에서 가장 자주 들리는 말이 "이거 다 써 봐도 돼요!"일 정도로

기록 모임을 준비한 흔적들

다들 아끼는 필기구를 기꺼이 공유하고, "혼자선 다 못 써요" 하며 온갖 아이템을 나누기도 합니다. 제품에 대한 정보뿐 아니라 좋은 문구점이나 온라인 사이트도 자연스럽게 서로 추천하게 되고, 저 역시 모임을 통해 많은 정보를 처음 들었습니다.

직접 보고 듣는 경험은 그 무엇과도 비교할 수 없습니다. 아무리 인스타그램에 다이어리 사진을 자주 올린다고 해도, 화면 너머로 보는 것과 실물을 직접 보는 것은 전혀 다르죠. 그래서 무겁더라도 제가 직접 쓰는 다이어리들을 매번 가득 들고 갑니다. 그동안 사진으로만 봐 왔던 것들을 눈으로 보고 손으로 만지며 더 생생하게 느끼는 분들의 모습을 보면, 준비해서 가져오길 참 잘했다는 생각이 들어요.

기록 모임을 운영하면서 저는 기록 크리에이터로서도 한 걸음씩 성장하고 있다는 것을 실감합니다. 당연히 해야 할 일이 많고, 모임을 진행하는 몇 시간 내내 혼자 책임지고 끌어가야 하다 보니 체력적으로나 정신적으로 힘들 때도 있지만 그만큼 저에게 큰 성장이 찾아왔어요. 예전에는 생각만 하고 미뤄 두던 일들을 이제는 직접 계획하고 실행하는 사람이 되었고, 모임에서 전하고 싶은 이야기들을 정리하면서 제가 진짜 말하고 싶었던 메시지가 무엇인지도 다시 한번 깊이 고민하게 되었습니다.

실제로 이 책을 모임 전에 쓰기 시작했지만, 모임을 마친 뒤 다시 읽으니 전하고 싶은 메시지가 더 명확해졌어요. 그래서 책을 마무리하느라 바쁜 달에도 서울에서 기록 모임을 한 번 더 추가로 진행했습니다. 덕분에 원고를 마무리하고 보충하는 과정이 좀 더 수월해졌죠. 이것 또한 기록 모임이 저에게 가져다준 값진 변화 중 하나입니다.

기록 모임 자리를 더 만들어서 앞으로도 많은 분들을 오프라인에서 만나고 싶어요. 좋아하는 것을 더 좋아하기 위해 모인 사람들 덕분에 저는 꿈이 하나 더 생겼습니다. 이 글을 읽고 모임에 관심이 간다면, 다음 제 기록 모임의 참여자가 되어 주시겠어요?

느려도 괜찮아, 나만의 속도로

새 다이어리를 펼치고, 마음에 드는 펜을 골라 첫 장을 채울 때의 설렘은 누구나 경험하죠. 하지만 그 설렘을 오래 이어 가는 건 또 다른 이야기입니다. 바쁜 일상 속에서 하루이틀 기록을 미루다 보면 빈칸이 하나둘 늘어나고, 그 빈칸 앞에서 다시 시작하기가 점점 부담스러워져요. '이미 밀렸는데 굳이 다시 써야 하나?' 하는 생각이 들고, 비어 있는 페이지를 보며 괜히 자책하게 되기도 하죠. 그렇게 마음이 멀어지다 보면 어느새 기록을 포기하게 되는 경우도 많습니다.

기록을 주제로 책까지 쓴 저에게 꾸준히 쓰는 비법

이 뭐냐고 물어보신다면 저는 '뻔뻔함'이라고 말할 거예요. 특별한 비법이 있는 게 아니에요. 계속해서 말했듯, 저는 밀려도 그냥 다시 씁니다. 며칠을 거르더라도 스트레스 받지 않고 다시 다이어리를 펼쳐요. 몇 장이 비어 있든, 몇 줄이 비었든 개의치 않고 다시 이어 갑니다. 그렇게 다시 쓰기 시작하면 어느 순간 자연스럽게 또 써야겠다는 마음이 생겨요. 중요한 건 완벽한 기록이 아니라, 기록을 멈추지 않는 거예요.

우리는 흔히 다이어리를 매일 빠짐없이, 처음부터 끝까지 빈틈없이 채워야 한다는 강박을 갖고 있어요. 하지만 현실은 다르죠. 누구에게나 기록하지 못하는 날이 있어요. 그럴 때는 빈칸도 기록의 일부라고 생각하는 게 도움이 됩니다. 밀린 기록에 집착하거나 그 자체를 실패로 여겨 스트레스를 받기보다는, 다시 쓰려고 다이어리를 펼쳤다는 그 행동 자체에 집중하는 거예요. 그렇게 마음을 바꾸면 부담은 줄고, 기록은 다시 이어집니다.

빈칸을 두려워하지 않고, 밀렸더라도 괜찮다고 생각하는 마음이야말로 기록을 지속할 수 있는 가장 큰 원동력입니다. 밀린 날을 억지로 채우려 하면 기록이 숙제처럼 느껴질 수 있어요. 하지만 '못 쓴 날이 있어도 괜찮아', '다시 쓰면 돼' 하고 생각하면 한결 가볍고 편안한 마음으로 다이어리를 다시 펼칠 수 있어요.

　기록을 지속하는 사람들은 대부분 자기만의 방식으로 기록을 유연하게 받아들여요. 매일 길게 써야 한다는 부담을 느끼기보다는 짧게라도 하루를 남기는 것을 소중히 여기죠. 핵심은 내 생활에 맞는 방식을 찾는 것입니다. 모두가 매일 밤 10시에 책상 앞에 앉아 일기를 쓸 필요는 없잖아요? 직장인은 퇴근 후 소파에 기대앉아 1분 정도만 오늘을 돌아보고 한 줄만 적어도 충분해요. 학생은 쉬는 시간이나 자습 전에 짧게 써 볼 수 있고, 육아 중인 분들은 아이가 낮잠 자는 10분 동안 사진 한 장과 간단한 메모를 남길 수 있어요. 저는 대부분의 기록을 출근 전에 카페에서 남깁니다. 그 시간이 여의치 않으면 사무실 책상에 앉아 10분 정도 쓰거나, 차 안에서 메모하듯 남기기도 해요.

　기록을 습관으로 만들고 싶다면 언제 어디서 쓸지를 정해 보세요. '매일 자기 전에 침대 옆에서 한 줄 쓰기'처럼요. 시간이 넉넉한 날엔 길게 써도 좋고, 피곤한 날엔 키워드 몇 개만 남겨도 괜찮아요. 중요한 것은 그 자리에 앉아 다이어리를 펼치는 루틴을 만드는 거예요. 그렇게 쌓인 시간이 반복되면 기록은 습관이 되고, 그 안에 나만의 리듬이 생깁니다.

정말 아무것도 쓰기 싫은 날도 있죠. 그럴 땐 그냥 쉬어 버립니다. 며칠을 쉬었다가 다시 다이어리를 펼쳐도 전혀 문제가 되지 않아요. 중요한 건 스스로에게 너그러워지는 태도입니다. 기록은 결국 나를 위한 것이고, 내 삶의 흐름에 맞게 지속하는 것이 포인트입니다. 빈칸이 있든지 며칠을 건너뛰었든지 다시 펜을 들 수 있다면 괜찮아요. 완벽한 기록보다 꾸준한 기록이 훨씬 더 가치 있으니까요. 그러니 오늘이 비어 있어도 괜찮습니다. 내일 다시 쓰면 돼요. 뻔뻔하게, 그리고 담담하게 기록을 이어 가는 것. 그것이 기록을 오래 지속하는 가장 좋은 방법입니다.

에필로그

 2024년 여름의 끝에서부터 이 책을 쓰기 시작했어요. 더운 여름이 가고, 선선한 가을을 지나 추운 겨울이 왔고, 다시 꽃이 피는 봄, 그리고 다시 여름입니다. 여러분에게 열두 가지 기록법을 안내하면서 이 책과 사계절을 함께했어요.

 설레는 마음으로 막연했던 꿈을 이루려고 글을 쓰기 시작했습니다. 목차를 정하고, 초고를 쓰고, 수정하고, 또 수정하고, 글에 어울리는 사진을 넣고… 결코 쉬운 일이 아니었어요. 하고자 하는 이야기가 글로 잘 표현되는 날에는 완성된 책을 상상하며 너무나 기뻤고, 한 줄조차 쓰지 못하고 막히는 날에는 답답한 마음에 울기도 했습니다. 그렇게 이 책은 사계절을 저와 함께했습니다.

 고맙다는 말로는 부족한 분들도 떠오릅니다. 우는 날에도 기쁜 날에도 옆에서 응원해 주던 사랑하는 저의 짝꿍. 그리고 출간 제안 미팅부터 원고를 검토하는 과정에서 항상 자세한 피드백으로 처음부터 끝까지 도움 주신 지수 님. 간간이 글을 쓰고 있다는 소식을 전하면 일단 응원부터 해 주시던 팔로워 분들까지. 덕분에 몇 번이고 다시 노트북 앞에 앉을 수 있었어요. 직접 말을 전하진 못하지만 이렇게 마무리 글을 기회로 삼아 다시 한번 감사를 전해 봅니다.

제가 이 책을 쓰는 동안에도 기록이라는 주제로 멋진 책들이 많이 나왔어요. 그 속에 있는 제 이야기를 끝까지 읽어 주신 여러분께 진심으로 감사드려요. 여러분이 이 책을 끝까지 읽고 '나도 다시 써 볼까'라는 마음이 들었다면 저는 그걸로 충분합니다.

저는 책을 쓰면서도 여전히 기록했어요. 책을 쓴 과정 역시 저의 기록으로 남아 있습니다. 저는 여전히 밀려 쓰고 몰아 쓰며 빈칸을 채워 갑니다. 그래도 멈추지는 않아요. 앞으로도 이렇게 삶의 부분들을 채우고 남겨두며 여러분과 함께 기록하고 싶어요.

이 책은 여기서 마무리되지만 여러분의 기록은 이제 시작일 거라고 믿어요. 기록에 다시 관심을 가지고 '이번엔 꼭 꾸준히 해 보고 싶다'라는 마음이 생겼기를 바랍니다. SNS를 통해 제가 많은 분들과 연결되었듯이 이제는 이 책처럼 여러분과 저를 연결해 주는 다양한 길을 만들고 싶어요. 그게 제가 앞으로 기록 크리에이터로서 나아가고 싶은 방향입니다.

저는 많이 나누며 살고 싶어요. 저의 꿈인 '문구 덕후 할머니'가 되는 날까지, 그 길에도 당연하게 늘 기록이 함께하기를 바랍니다. 여러분도 함께해요.

Time to journal!

무엇이든 물어보세요!

Q. 매일 못 쓰면 어떡하죠?
밀리면 스트레스 받아요.

A. 마지막 장에서 강조한 것처럼 뻔뻔한 마인드가 필요해요. 스트레스 받을 게 뭐가 있나요? 내 기록이고 내가 좋아서 하는 건데요. 하루이틀 밀려도 괜찮아요. 다음 장부터 기록해도 되고, 아니면 빈 페이지를 스티커나 메모지로 꾸미고 넘어가는 방법도 있으니까요.

> **Q.** 인스타그램 피드에 올라오는 사진 속 손글씨는 어떤 어플로 쓰시나요?

A. 사진 속 손글씨 작업은 놀랍게도 아이폰 기본 기능입니다. 사진 앨범의 편집 기능에서 마크업 도구를 활용해요. 저는 보통 손가락이나 터치펜을 이용해 자 도구 오른쪽에 있는 펜으로 그리고 있어요.

자주 사용하는 손글씨 도구

Q. 기록이나 독서를 도와주는 꿀템이 있나요?

A. 저는 집중력이 약한 편이라 매번 아이템들의 도움을 받고 있어요. 특히 타이머, 이어플러그를 꼭 들고 다녀요. 카페에서 타이머를 세팅하고 이어플러그를 착용한 뒤 기록과 독서를 합니다.

Q. 문구류는 주로 어디서 구매하시나요?

A. 온라인에서 구매할 때도 있지만, 저는 문구점이라는 공간을 너무 좋아해요. 그래서 오프라인 매장에 가서 여유 있게 구경하면서 테스트해 보고 구매합니다. 요즘은 학교 앞 문구점이나 대형 문구점이 많이 사라져서 아쉬워요.

> **Q.** 본업도 있고 이것저것 하는 게 많은데,
> 업로드를 거의 매일 하시는 비결이 있나요?

A. 평소에 미리 업로드할 아이디어나 참고할 만한 자료들을 기록하고 모아 두면 좋습니다. 그리고 촬영이 가능한 날에 몰아서 여러 개를 찍어 두는 것도 좋은 방법이에요. 저는 보통 당일 낮이나 전날 찍은 사진을 바로바로 업로드하는 편이에요. 그래야 최근에 한 기록들을 빠르게 보여 드릴 수 있고 업로드가 밀리지 않거든요. 업로드를 꾸준히 할 수 있는 비결은 기록입니다. 콘텐츠 아이디어들이 떠오르면 바로바로 기록해 두거든요.

> **Q.** 다이어리가 여러 권이던데,
> 하루에 몇 시간씩 기록하세요?

A. 저는 많은 다이어리를 쓰고 있지만 하루에 기록하는 시간 자체는 길지 않아요. 메인 다이어리만 잘 채워두면 나머지 다이어리는 금방 쓸 수 있기 때문이죠. 평소에는 메인 다이어리를 하루에 5~10분 정도 씁니다. 나머지 다이어리는 7~10일에 한 번 몰아서 작성하고, 월말에는 마무리를 위해서 하루이틀 정도 작성합니다.

Q. 다이어리는 어디에 보관하세요?

A. 지금은 두 곳에 나눠서 다이어리를 정리하고 있어요. 다 쓴 다이어리는 책상 밑에 모아 두고 보고 싶을 때마다 꺼내 봅니다. 아직 작성 중인 다이어리는 제가 운영하는 매장 한쪽의 책상에 정리합니다.

Q. SNS를 통해 기록을 공개하시는데,
감추고 싶은 기록은 없나요?
저는 누가 볼까 봐 걱정입니다.

A. 저는 사실 위주로 많이 쓰는 편이라 누가 봐도 괜찮다고 생각해요. 그리고 '사람들은 글씨는 잘 안 읽으니까'라고 편하게 생각해 버립니다. 또 이제는 취미를 넘어 저의 직업이라고 생각하면서 다양한 기록 보여 드리기에 집중하고 있어요.

꾸준함을 만드는 가벼운 끄적임의 힘
나의 느슨한 기록 일지

1판 1쇄 인쇄 2025년 7월 16일
1판 1쇄 발행 2025년 7월 30일

지은이 이다인(다이너리)
펴낸이 고병욱

기획편집2실장 김순란 **책임편집** 김지수 **기획편집** 권민성 조상희
마케팅 황혜리 황예린 권묘정 이보슬 **디자인** 공희 백은주
제작 김기창 **관리** 주동은 **총무** 노재경 송민진 서대원

교정교열 강진홍

펴낸곳 청림출판(주)
등록 제2023-000081호

본사 04799 서울시 성동구 아차산로17길 49 1010호 청림출판(주)
제2사옥 10881 경기도 파주시 회동길 173 청림아트스페이스
전화 02-546-4341 **팩스** 02-546-8053
홈페이지 www.chungrim.com **이메일** life@chungrim.com
인스타그램 @ch_daily_mom **블로그** blog.naver.com/chungrimlife
페이스북 www.facebook.com/chungrimlife

ⓒ 이다인, 2025

ISBN 979-11-93842-42-3(03190)

※ 이 책은 저작권법에 따라 보호를 받는 저작물이므로 무단 전재와 무단 복제를 금합니다.
※ 책값은 뒤표지에 있습니다. 잘못된 책은 구입하신 서점에서 바꾸어 드립니다.
※ 청림Life는 청림출판(주)의 논픽션·실용도서 전문 브랜드입니다.